ちくま新書

# 地方自治講義

今井 照
Imai Akira

1238

地方自治講義【目次】

# はじめに

今から七〇年以上前の一九四七年五月三日、日本国憲法が施行された日に地方自治法も同時に施行されました。これは偶然ではありません。日本国憲法を施行するためには地方自治法が施行されていなくてはならなかったからです。日本国憲法と地方自治法は、どちらが欠けても成り立ちません。

市町村や都道府県などのことを「自治体」と言います。自治体をめぐるしくみを「地方自治」と言い、その制度について細かく決めているのが地方自治法です。ただし、自治体の原型は日本国憲法や地方自治法ができる前からずっとありました。極端に言えば、人間が集まって社会を作り始めたときから自治体の原型があったのです。

今や「地方自治」とか「地方分権」という考え方は当たり前の価値観です。コロナ禍対策など、国政との緊張感の中で知事の動きも目立ちます。しかし一方で、市町村長・知事や自治体議員の不祥事とかスキャンダルが報道されて社会に失望感を与えることもあります。自治体選挙の投票率も低下する一方です。どうしてなかなかうまくいかないのでしょうか。

そこでよくよく観察してみると、同じ言葉を使っているのに人によって言っていることが違うということに気づきます。場合によっては逆方向を目指しているふうにさえ思えることがあります。

たとえば「地方分権を推進するために道州制の導入が必要だ」という人もいれば、「道州制を導入すればますます中央集権化が進み地方分権に反する」という人もいます。これは「地方分権」という同じ言葉を使いながら、目指すべき社会像が違うからです。

逆に言うと、基本的なイメージが共通になっていないから、「地方自治」を進めているつもりになっていたのに、いつのまにか逆方向に進んでいるという場合もあります。かつての「国土の均衡ある発展」という国土計画から最近の「地方創生」という国策まで、表面的には地域を大事にするような言葉が使われているのですが、結果的には中央集権化が進み地域が疲弊してしまうことがあります。

毎日の暮らしでミスはつきものですが、たいていの場合は取り返すことができます。しかし社会の場合、特にこうした政治・行政の場合には、気づいたら引き返すことができない致命的な失敗もあり得ます。そのたびに社会は大きな犠牲を払うことになります。「地方自治」の基礎概念や歴史を深いところから学ぶことは、社会がそのような致命的な犠牲をなるべく払わないようにするために必要な手段の一つです。

本書は「自治体の考え方」という連続講義をもとに地方自治の基礎概念や歴史についてなるべくわかりやすくまとめたものです。この本を読んで「ああ、そういうことだったのか」と思ってもらえたらうれしいです。

二〇一七年一月

今井 照

＊増刷に際して、一部のデータを新しいものに改めた（二〇二三年一月）。

第1講

# 自治体には三つの顔がある

# 1　自治体のアクター(登場人物)

## †強くて脆い

地方自治の舞台は自治体です。日本で自治体とは市町村や都道府県、あるいは東京二三区などのことを言います。さらに細かく言うと、市は市でも「政令指定都市」「中核市」「市」の三つに分かれますが、とりあえず市町村として一括しておきます。市町村や東京二三区のことを基礎的自治体と言い、都道府県のことを広域自治体と言います。ここでも正確に言うと、この他に、介護保険などの仕事をしている広域連合とか、ごみや火葬などの仕事をしている一部事務組合なども自治体の一種ですが、本書では棚に上げておきます。

自治体には三つの顔がある。

①土地の区分としての自治体
②地域社会としての自治体
③地域の政治・行政組織としての自治体

です。一つずつ、説明します。

私たちが自治体を意識する最大のケースはなんと言っても住所です。郵便や宅配便を送ったりもらったりするときには、必ず住所が必要になる。住所は都道府県や市町村の名前が頭についています。だから私たちの日常生活にとって自治体とは土地にくっついた住所という意味が大きい。これが、①土地の区分としての自治体、という意味です。

自治体というのは住所の表示になりますが、単に住所という記号だけの存在ではない。その土地にくっついた暮らしがあります。もちろん山や川といった自然環境も含まれるし、外からは見えにくいけれど歴史や文化の積み重ねもある。中でも最大のポイントは人がいるということです。人は一人では生きていけないので、人と人との関係が生まれる。それが地域社会を形成します。地域社会の一定のまとまりが自治体になる。これが、②地域社会としての自治体、ということです。

人には一人ずつの意思が存在します。人は一人では生きていけないのですが、人と人が何から何まで以心伝心で同じ意思を持つことはあまりない。たとえばスポーツ観戦のように、スタジアムで何万という人たちが瞬間的、あるいはパニック的に、一つの意思を共有するということはあるかもしれませんが、普通はない。だから人の集団ができるとなんやかやと調整しなくてはならなくなる。地域社会でその役割を果たすのが自治体です。これが、③地域の政治・行政組織としての自治体、ということです。

同じように会社のような組織も人の集団ですから調整が必要になる。会社の中の調整も簡単ではないですが、会社のミッション（使命）は明らかで、しかも組織の中の人間関係が階層的にできている。議論は活発であったほうが望ましいですが、ある程度のところに来たら上司の意思のほうが部下の意思よりも優越する。これは役所という組織でも同じです。そのかわり上司が責任を取ることになっている。

その昔は地域社会でもそうだったかもしれません。地主だったり、身分の高い人たちの意思が通りやすかった。しかし今はそうではない。一人ひとりの意思がフラットに存在している。でも一人ひとりが勝手に動いていたら社会が成り立たない。そこで地域社会という単位でこの調整を担うのが自治体になります。

だから自治体は「強い」顔を持っている。人の自由を奪うこともできる。しかし会社のように、上司が部下に命令すればなんとかなるというものではない。なぜなら地域社会では一人ひとりが主役なので上下関係がない。だから人々の意思を集めていくという手続きが必要になる。これはかなりたいへんな作業になる。「強い」顔の裏側には、地道な手続きを重ねないと崩れてしまうという「脆《もろ》い」顔もあるのです。

## †役場（役所）は自治体の事務所

以上のように自治体には三つの顔がありますが、この本で使う自治体とは主として、③地域の政治・行政組織としての自治体、のことです。別の言葉では「地方政府」とか「自治体政府」という場合もある。

「政府」といったら国のことだろうと考える人がまだいるかもしれません。確かに国も政府ですが、先ほど触れたように、人の自由を奪うことができる「強い顔」と、構成員の支持がなくては成り立たない「脆い顔」という特徴を持つのは国も自治体も似ている。改めて第5講で述べますが、日本国憲法の地方自治という章のタイトルの英訳は、Local self-government です。Government というのは政府という意味ですね。憲法でも自治体のことを政府と言っているのです。

政府だから税金も取られる。サラリーマンであれば誰しも所得税よりも高額な地方税が給料から一方的に差し引かれ、納得しがたい気持ちを抱いたことがあるでしょう。今日も日本のどこかの役場の窓口で「こんなにたくさん税金を払っているのに自分は何の利益も受けていない。おまえらを雇うために税金を払っているんじゃないぞ」という市民の怒鳴り声を聞けるに違いない。役場の職員にすれば、そういうふうに言われることは日常茶飯事です。

もちろん自治体の構成員である市民は税金の使い道について意見を言うべきだし、代表者を出して決定することができる。市民が税金の使い道に関心を持って、ときには文句を言うことはとても重要です。率直に言って、こんな使い方をしているのかということもまだまだたくさんある。

自治体の仕事をしているところが役場（役所、県庁）です。たとえば小学校や中学校を運営している。自分の子どもは私立学校に通っているから関係ないよという人でも、毎日のように道路を歩き、水道を使ってトイレを流したり、収集日にはごみを出している。これらの仕事の多くをしているのは自治体の役場です。言い換えると役場の仕事は生活のインフラ（基盤）に直結している。

それでも、「いや自分が納めている税金に比べたら割に合わないぞ。水道料金は別に払っているし」という人も少なくないでしょう。つまり負担に比べたら受益が少ないという主張です。確かに一理あるような気もしますが、逆にもし自分の負担と自分の受益が一致するのであれば、それは役場でなくてもいいはずです。ビジネスベースで、つまり民間企業で解決がつく。逆に言うと個人の負担と受益が一致しないことがあるから自治体が必要であり、その仕事をする役場が必要になる。

では自治体とは役場のことなのか。役場の職員の名刺を見ると、ときどき「○○市総務部総務課」と所属が書いてあります。この人にとっては自治体＝役場なのかもしれない。

正確には「○○市役所総務部総務課」ですよね。役場というのはあくまでも自治体の仕事をする組織であって自治体そのものではない。

## †自治体のミッション(使命)

ではそもそも自治体とは何のためにあるのでしょうか。それはこの本全体でお話ししたいことなので、あまり結論を急ぎたくないのですが、一つだけ最初に言っておきたいことがある。それは市民の生命と安全を守るということです。極端に言えば、この一つだけでもいい。この一つのために日々の自治体活動があると言っても過言ではない。

東日本大震災とそれを契機とした東京電力福島第一原子力発電所の過酷事故を身近に経験して、特に原発立地近くの町村とその職員たちが文字通り生命を投げ打って、本当に奮闘していたのをこの目で見ました。正直に言えば、決して日頃からがんばっていた役場ばかりではない。外から見ていてももどかしいことは多かった。でも、いざというときに発揮された役場とその職員の力はすごかった。確かに満点ではないけれど、もしこの地に役場がなかったらもっと大きな混乱や犠牲が出ていたはずです。詳しくは、二〇一六年に出した『福島インサイドストーリー――役場職員が見た原発避難と震災復興』を見てください。

一方、市町村合併で地域に役場がなくなってしまった人たちの困惑も見てきた。この本でもこれからさまざまな理屈を述べますが、自治体の存在価値を一つだけあげろと言われれば、躊躇なく市民の生命と安全を守ることだと言えます。そのために地域に自治体がなければならない。逆に言うと、いざというときに市民の生命や安全を守れないのであれば自治体に値しない。

私たちはその日のために自治体を育てておかなくてはならない。職員も鍛えておく必要がある。後でまた触れますが、地域社会や日常生活を支えるために、私たちは日頃自分一人ではできないさまざまな仕事を行政に託しています。たとえば使いやすい安全な道路ができるのであれば、国がやろうと、都道府県がやろうと、市町村がやろうと、誰がやってくれてもかまわないと思うかもしれない。現に、日々、歩いたり車に乗っていたりして、ここは国道だろうか、県道だろうか、市道だろうか、などとは意識していません。少し細かく言うと、同じ国道でも県が管理している国道があったり、同じ県道でも政令指定都市が管理している県道があったりしますが、こんなことは誰も考えない。

しかしそれくらいなら全部国道にして国が建設や管理をするとしたらどうでしょうか。想像してみてください。ある日突然、国の役人がやってきて、今度、国土計画によってこの道路を拡張することになったから、一ヵ月以内に退去してください、と言われるかもしれない。もちろん、これは極端な事例ですが、地方自治のない国では現実にそういうことが起きている。地域社会や市民生活の事情ではなく、国土の都合が優先される。

もしこうした事態に対して、いやとんでもないと地域の人たちがそろって抗《あらが》う組織が自治体でもある。私たちが日頃から自治体を育て、職員を鍛えておくことは、地域社会や市民生活の安全を守ることです。そのために自治体とはどんなふうにできているのか、地方自治とはどういう考え方なのかを知っておいてほしい。そういう狙いでこの本は書かれています。自治体を使いこなすためです。

## †自治体の元首＝市町村長・知事

自治体の組織について見ていきます。役場という組織のトップは市町村長です。都道府県の役場である県庁のトップは知事になる。会社で言えば最高責任者です。実際には、これは部長が決めること、これは課長が決めることというように決定権限が組織内に分割されていますが、形式的にも責任としても役場のトップであることは間違いない。市町村長・知事を一括して「首長《くびちょう》」と言うこともあります。

ところが市町村長・知事は単に役場という組織のトップだけではない。地方自治法には二カ所で市町村長・知事が出てきます。

第百四十七条　普通地方公共団体の長は、当該普通地方公共団体を統轄し、これを代表する。
第百四十八条　普通地方公共団体の長は、当該普通地方公共団体の事務を管理し及びこれを執行する。

ここで「普通地方公共団体」とあるのは、これまで説明してきた自治体のことだと考えてください（正確に言うと微妙に違いますが）。だからその「長」というのは市町村長や知事のことです。二つの仕事が書いてある。一つは「統轄・代表」、もう一つは「事務の管理・執行」です。後者の「事務の管理・執行」というのが役場のトップとしての仕事になる。自治体の仕事をするのが役場という組織ですから、「事務の管理・執行」というのは、その役場の責任者ということです。では前者の「統轄・代表」とはどういうことなのか。
そこで振り返ってみると市町村長・知事は役場という組織内で選ばれているわけではない。選挙で選ばれている。選挙で選ばれているから、その地域社会を「統轄・代表」することができるとも言える。国で言うと元首のようなものです。たとえば国を代表して外国からのお客様をお迎えするのが元首の役割ですね。国によって大統領だったり国王だったりしますが、日本の自治体で言うとそれが市町村長・知事の役割の一つになる。

勘違いしてはいけないのは、それは自治体を代表する権力や権限を持っているということではありません。あくまでも象徴的に代表している。天皇の国事行為と同じですね。たとえば自治体から表彰状をもらったり、何かの許認可を受けたりするときに、市町村長・知事の名前でもらうことがあります。それは市町村長・知事が個人の判断でやっていることではなくて、自治体という政治・行政組織が市町村長・知事の名前のもとにやっているだけのことです。それが「統轄・代表」という意味です。

一方、「事務の管理・執行」については役場組織のトップとして、市民や職員の意見や考えを聞きつつ、最終的に市町村長・知事の責任で決定します。役場は自治体の仕事をする組織ですから、自ずと市町村長・知事の責任や決定は自治体の仕事をどのように執行するかという範囲になる。

## †ほんとはすごい自治体議会

これまで役場と市町村長・知事のことを説明してきましたが、自治体にはもう一つ重要な組織として自治体議会がある。議会は議員でできています。その議員もまた選挙で選ばれる。ところがこの議会や議員という存在感が自治体では薄い。話題になるのは不祥事のときばかりです。自治体のイメージを悪くするときだけ登場する。

しかし実は自治体議会は非常に大きな役割を持っています。制度上、自治体議会というのは自治体の中では最強組織です。役場の仕事に使う予算や、地域社会のルールである条例を決定できるのは議会以外にはない。自治体の仕事をするのが役場（＝行政）とすれば、それを決定する組織が議会（＝政治）です。

地方自治法には次のように書いてある。

第九十六条　普通地方公共団体の議会は、次に掲げる事件を議決しなければならない。

1　条例を設け又は改廃すること。

2　予算を定めること。

3　決算を認定すること。

（以下省略）

普通の人たちは、自治体の仕事は市町村長・知事が決めていると思っているかもしれない。先ほども市町村長・知事は「自治体の仕事をどのように執行するか」を決定すると書きました。そうです。自治体の仕事をどのように執行するかを決めるのは市町村長・知事ですが、自治体がどんな仕事をするのかを決定できるのは議会なのです。微妙な違いですが、この差は大きい。

自治体の予算を議会に提案できるのは市町村長・知事と決まっています。条例の提案は議員や議会の組織（委員会）もできますが、現実に大部分の条例は市町村長・知事から提案されています。にもかかわらず、決定できるのは議会しかありません。極めて例外的に市町村長・知事が「専決処分」という形で決定できることもありますが、普通はやってはいけない。

それくらい大事な議会なのに、あまり市民の関心は高くない。手元に那覇市議会が二〇一二年に行った市民アンケートの結果があります（「那覇市議会に関する市民アンケート調査結果報告書」）。「那覇市議会に関心がありますか」という問いに対して、①ある二一％、②少しある四六％、③ない二九％、このほかに無回答が四％となっている。意外に「ある」が多いと思われたかもしれませんが、実はこのアンケートの回収率そのものが一六・二％なのです。ランダムに選ばれた三〇〇〇人の市民に郵送で送られたものですが、普通、郵送アンケートの回収率は三割から四割はある。ましてこのように公的な機関のアンケートでは六割から七割くらいあってもおかしくない。それが二割に満たないということその ものが議会への無関心を示しているような気がします。だからアンケートに答えてくれた人たちは、普通の人たちの中でも議会に関心のある人たちが多いはずです。

市民アンケートからもう一つ引用します。「あなたの意見や市民の声が那覇市議会に反映されていると思いますか」に対しては、①思う二%、②やや思う二三%、③思わない三二%、④わからない四一%、⑤無回答二%、でした。否定的評価が多い。さらに「わからない」が一番多いというのは、やはり日頃から議会活動のようすが伝わっていないことを示している。

もう一つ別の調査があります（『平成二六年度（第二一回）那覇市民意識調査報告書』）。同じ那覇市ですが、これは市役所が市民対象に行っている世論調査の一項目です。「あなたは議会に何を求めますか。次の中から二つまでお選びください」という質問で、その他を含めて七つの選択肢が設けられている。その結果は、第一位・地域問題や市民相談への対応二八・七%、第二位・議員定数や報酬などの見直し二〇・三%、第三位・行政の監視機能一五・六%、第四位・議会情報の公開一三・五%、第五位・政策や条例の提案一三・三%、第六位・議会報告会や意見交換会の開催四・七%、となっています。

第一位はわかります。これがいわゆる「市民の声」というやつですね。問題は第二位に議員定数や報酬の見直しが入っていることです。議会や議員への不信感がめらめらと感じ取れる。いま「議会改革」という動きが全国の自治体議会に広がっていますが、そこでやろうとしていることは軒並み低位にとどまっている。

那覇市議会の名誉のために言っておくと、日本の自治体議会の中でもがんばっているほうです。このような議会独自の市民アンケートをするところは数少ない。それくらい議会としては比較的よく仕事をしている。それにもかかわらずこのような結果ということは、その他のほとんどの自治体議会では推《お》して知るべしです。

### †議員報酬は高いか安いか

確かに自治体の議会や議員に対する評判はそれほど高くありません。高すぎる報酬、多すぎる定数、見えない仕事ぶりなどが自治体議員に対する市民の視線の定説です。影で口利きをしてうまい汁を吸っているのだろうと思われているかもしれない。しかしそういう意見を口にする人でも、自分の町に議員が何人いて、いくらの報酬をもらっているのかということはほとんど知りません。よく知らないけれど、たぶん高いのではないか、たぶん多いのではないかと市民は思っている。つまり、議会と市民との間にコミュニケーションがとれていない。

議員の報酬を調べてみました。全国市議会議長会の調査によると、市議会議員の報酬の平均は月額四二万三〇〇〇円です（二〇二一年一二月三一日現在）。議長になると少し高くなり、五一万八〇〇〇円となる。どうですか。高いと言えば高いですし、安いと言えば安い。ただこれは平均なので、最高額と最低額を見ると少し見方が変わるかもしれません。議員報酬の最高額は月額九五万三〇〇〇円（議長は一一七万九〇〇〇円）。最低額は一八万円（議長は二三万円）。同じ市議会議員なのに最高額が最低額の五倍以上という差はどうなんでしょう。一般に人口の多い自治体の議員報酬は高くて、少ない自治体の議員報酬は低い。でも人口規模という尺度は報酬の多寡《たか》の基準としてはあまり合理的とは言えない。なぜなら人口規模が大きければ、それだけ議員定数も多いはずですから。最近、よく聞く言葉で言えば「同一労働同一賃金」になっていない。格差がありすぎる。

町村議会はどうか。全国町村議会議長会の調査によると、町村議会議員報酬の平均額は二一万六五四二円（議長で二九万四一六八円）です（二〇二一年七月末日現在）。大卒初任給をちょっと上回る程度です。家族を養うことになったらこの報酬ではやっていけないでしょう。知人の三〇歳代の町村議会議員は、みんなに頼まれて議員をやったものの、報酬が安すぎて、このままでは結婚できるかどうか不安だと嘆いていました。つまり町村議会議員は兼業か副業でしかできない。他に収入の道があるか、あるいは相当な資産家で議員報酬などあてにしていないという人しか議員にはなれない。こういう事情は人口規模が小さい、つまり議員報酬が安い市議会議員でも同じです。

もし副業が認められる会社にいるとしても、議会が開催されるのは平日の昼間ですから、普通の職業では議員を兼業できません。結果的に議員になれるのは農業などの自営業か、あるいはすでに会社を息子に任せてリタイアした経営者、または資産家くらいということになる。つまり今の制度だと、議員報酬が安ければ、議員の構成は偏ってしまい、市民の構成を反映したものにならない。

かといって、議員報酬を高くするのも悔しいというのが市民感情かもしれませんね。むしろ専業の自治体議員など必要なのか、という疑問があってもおかしくない。現に海外の市町村議会議員のほとんどは無報酬です。交通費などの実費は出ているようですが給料のようなものはあまりない。つまりボランティアです。イメージとしては町内会の寄り合いです。町内会の役員に対して生活を保障するような報酬が出ることはあまりない。だから町内会の寄り合いと同じように、海外の市町村議会も多くは夜間か休日に行われる。他に仕事を持っているとそうしなければ集まれない。議会議員数も日本よりは少ない。

逆に言うと海外の市町村規模はそれだけ小さい。もちろん、ロンドンとかパリのような大都市もあります。しかし一般的には日本のようにバカでかくて人口も多い市町村はあまりない。これは後で触れる日本独特の市町村合併の歴史の結果です。このように考えるとあるべき議員像というのは逆向きに二つあります。一つは少数精鋭で報酬も高い専業議員、もう一つは素人のよさを生かした市民で構成されるボランティア的議員。どちらがよいかは微妙ですが、少なくとも素人で報酬が高いというのは最悪ですね。

報酬以外にも政務活動費という調査費のようなお金が議員、あるいは会派に支払われています。しばしば第二給与と錯覚した議員たちによって怪しげな支出が問題になり、議員辞職という騒ぎになる。確かに、およそ九割弱の市議会に政務活動費があり、県議会議員や大規模な市議会議員に対してはそれなりの金額が出ている。政令指定都市では月額三〇万円以上というのが普通です。しかし人口一〇万人未満の市では、月額一万円から二万円未満というのが中心になります。町村議会だと、全国平均が月額九五九六円です。ここでも自治体間の格差が大きい。大きすぎます。自分の町の議員がどれくらいもらっているかはそれぞれの自治体のホームページで例規集を探し、報酬や政務活動費についての条例を見ればたいていわかる。

## 2　住民と市民

### †狭義の住民、広義の住民

ここまで自治体のアクター（登場人物）をざっと見てきました。しかしまだ肝心の登場人物が出てきていない。それが住民です。国レベルでは国民主権と言われるように、自治体では住民が主人公であることは間違いない。問題はそれがどのくらい実感できているか、もう少し言うと現実にそうなっているのかということです。

ところで住民とは何か。普通に考えればそこに住んでいる人です。制度面から見ると住民登録をしている人です。住民登録というのは市町村の役所にある住民基本台帳に載せることですが、一般的に言うと住民票を持っている人ということになる。国内に住んでいる日本国民の場合、子どもが生まれると出生届を出して戸籍に登載するとともにどこかの住所に住民登録をします。引っ越せば転出や転入の届けを出して住民基本台帳を動かす。こうして一人の人間は一つの住所を持つ。つまり一つの自治体の住民になる。自治体の側から見れば、自治体のエリアに住民登録をしている人が住民とみなされる。

しかしそれほど単純ではないのが住民という存在です。地方自治法には次のように書いてあります。

第十条　市町村の区域内に住所を有する者は、当該市町村及びこれを包括する都道府県の住民とする。

2　住民は、法律の定めるところにより、その属する普通地方公共団体の役務の提供をひとしく受ける権利を有し、その負担を分任する義務を負う。

ここで言われている住民は自然人、つまり人間ばかりではなく、法人、つまり会社や団体などを含むというのが通例の解釈です。たとえばその市町村に登記をしている会社や、あるいはその市町村でお店を開いている商店なども住民という考え方です。そこまで言うなら犬や猫も住民ではないかと思う人もいるかもしれませんが、まだそこまでは広く解釈されてはいない。ただ戦後直後は犬税というのもありましたから、あながちむちゃくちゃな主張ではないかもしれない。

自然人に限っても、単にそこに住所があるという人ばかりが自治体の構成員ではありません。たとえば歩行喫煙禁止の条例を作ると、取り締まりの対象は単にその自治体に住んでいる人とは限らない。別の町から買い物に来たり、仕事に来たりしている人も歩行喫煙をしたら注意される。突然、地震が起きてたまたまその町にいた人たちが帰宅できなくなったとすると、そういう人に対しても自治体は保護する義務が生じる。制度上の住民ではないのに、です。

だから自治体は住民登録をしている人ばかりではなく、通勤している人、通学している人、遊びに来ている人、たまたま歩いている人を含めて、広い意味での住民として考えておく必要がある。たとえば、歩行喫煙禁止条例を作りますというときに、住んでいる人だけに意見を聞くということではなく、対象になる人たちからも意見を聞いてまとめなくてはならない。災害時の計画を作るときにも、通勤している人、通学している人、遊びに来ている人などを含めて計画を立てなくてはならない。

もう一つ常に問題になるのは外国人のことです。歩行喫煙や災害時の計画などについては、当然、外国人も対象になる。外国人の中には定住している人もたくさんいる。日本国籍の場合でも住民登録をしたその日から制度上の住民になるわけですから、外国人も住民登録をした日から住民になります。

地方自治法第十条の住民には外国人も含まれます。別の箇所では「日本国民たる普通地方公共団体の住民」と書かれているところもあるのですが、この条文では「日本国民たる」という形容語句がないので、外国人も含まれるという理解は当然です。以前は外国人登録制度というものがありましたが、いろいろな問題を含んでいたため、二〇一二年七月から新しい在留管理制度になり、現在では定住外国人も住民基本台帳で整理されている。

したがって定住外国人は狭義の意味でも住民であることは疑いないですし、現に地域社会の一員として生活しています。ただ、現在の制度では地方参政権が認められていない。

納税などの義務は課せられているのに、重要な権利の一部が保障されていない状態です。しばしば国益論から外国人参政権に慎重な意見もありますが、それは国と自治体とを混同した考え方です。最高裁も外国人に地方参政権を保障するのは憲法違反ではないという判断をしています。

ちなみに本書では「国家」と「国」とを区別しています。国家と言うのは自治体を含む国内全体の統治システムのことです。国というのは自治体と区別された中央政府のことです。国家の中に国と自治体という要素が含まれているというイメージで考えてください。国と自治体とでは違う論理で動いていますし、別々の存在です。自治体は国のミニ版でもないし、自治体が成長して国になるということはありえません。このことは後で触れます。

## †「住所を有する者」とは

もう一度地方自治法第十条を読み直すと、「住所を有する者」が住民となっている。そこで次に問題になるのは住所とは何かということです。実は地方自治法には住所の定義がありません。一般常識からすれば寝泊まりしているところですね。でも寝泊まりしているところと制度上の住民登録をしているところが違うことはよくある。たとえば大学に進学をし、大学の近くにアパートを借りたとする。卒業したらいずれ地元に帰るのだからと言って住民登録を移さない学生はたくさんいます。その他にも、単身赴任で二年くらい別の場所で暮らしているとか、家族の介護で一ヵ月に一週間は親の元で暮らしているとか、いろいろなバリエーションがある。

現在の制度では一人に一つの住所ですが、生活実態はそうではない。このことが大問題になっているのは東日本大震災や福島第一原発の過酷事故で長期的かつ自治体外の遠方に避難を続けている人たちのことです。避難ですから避難元の住民であることは疑いない。たとえば原発避難の場合、避難指示を受けている人たちの九割以上が住民票を移していません。それも当然です。もしここで住民票を移してしまえば、これから帰るべき元の町をどのように再建していくのかということに住民として関わることができなくなる。家も土地もそこにあるわけですから。

一方、避難生活が長くなれば避難先での生活も根付いてくる。たとえば近所の付き合いとか、子どもの学校との関係とか、通学とか、通院とかは避難先における関係が積み重なってくる。避難先でも実質的に「住民」になります。制度上、住民登録をしているところだけが住所ですと言って済ますことができないことが社会にはたくさんある。

こうした問題は実は昨日今日に始まったことではなく、明治以来、政府を悩ませていたことでした。このことは第2講の地方自治の歴史のところでもう一度触れますが、明治維新政府は徴兵制への準備と国民一人ひとりから税金を徴収するために戸籍制度を作ります（壬申戸籍《じんしん》）。だから当時は戸籍が住民票の役割も果たしていた。

ところがここが近世の残滓《ざんし》で、戸籍を家族単位に作成する。しかし当然家族は成長して、たとえば子どもは就職で別の地域に住んだりし始めるので、戸籍だけでは一人ひとりの所在を追えなくなる。そこで寄留制度というものを作る。本籍以外の場所に住む場合、その場所を戸籍に記録する制度ですが、移動が激しくなってくるとわけがわからなくなる。社会がそれだけ経済的に発展してきます。そこで一九一四年に寄留法ができる。これが戦後、一九五二年に住民登録法となり、現在の住民基本台帳法が一九六七年にできます。

問題は戸籍制度を残したまま住民基本台帳制度を作ったので、どう見てもややこしい。これこそ二重行政であって無駄遣いの典型として指弾されてもおかしくないのに、なぜか戸籍を廃止しようという動きは高まっていません。ちなみに海外で日本の戸籍制度のようなものがある国は、中国のように別の意味で居住地管理をしている国を除けばほとんどありません。韓国も廃止されました。

さらに現在ではマイナンバー制度まで作った。マイナンバー制度の創設も大きな動機の一つは納税管理なので、主旨は明治維新の壬申戸籍と何ら変わらない。こうして制度を積み重ねたり、どれだけ精緻化しても生活実態に合わないので、必ず無理や漏れが生じる。

しかも悪質なことに制度の上に制度を重ねていくので、ますます複雑化し、高コスト化しています。

住所の定義は民法にあります。民法第二十二条に「各人の生活の本拠をその者の住所とする」とある。確かにその通りですが、現在では「生活の本拠」と言うべき場所が複数ある人も少なくない。だからこれだけでは一人に一つの住所という根拠にはならない。いずれにしても自治体は住民登録をしている人だけを住民と考えてはならないし、住民側もそれぞれのさまざまな生活に応じて、いくつもの自治体の住民であるということが言えるのです。

## †住民の三つの顔

東京大学の金井利之さんは、住民には①対象住民、②公務住民、③市民住民の三つの側面があると言う。①対象住民というのは「行政される住民」、つまり自治体行政の対象になる住民です。②公務住民とは「行政する住民」、つまり行政職員と同じように、自分の地域のことについて、まずは自分たちで片づけようという実働機能のことを指します。③市民住民とは「行政させる住民」、つまり自治体の主権者として自治体の政治的な統制者となる。

金井さんの分類によれば、これまで説明してきた地方自治制度における住民は、①対象住民のことになる。しかし住民とはそういう受け身の存在ばかりではないのは確かです。それでは自治にならない。自分で身体を動かすこともあれば（②公務住民）、自治体全体の動きをコントロールする主体（③市民住民）でもある。このうち、②公務住民というのは、本書では第4講で触れる行政参加する住民のことでしょう。これに対して、③市民住民という言葉は国語として少しわかりにくい。ここでは、「市民」と言い換えておきます。

そこで「市民」について考えてみます。世の中には、住民という言葉のほかに市民という言葉がある。これがまた論議を呼ぶ言葉なので面倒ください。中には私は市民という言葉は使いませんと言い放つ研究者までいる。こんなふうに歴史にもまれた言葉は人によって意味する内容が違うのでコミュニケーションが難しい。

歴史の教科書で市民という言葉が出てくるのはヨーロッパの市民革命のところです。この場合の市民とは国王などの旧来的な勢力に対する新興の中産階級という意味ですね。ブルジョアと言われますが、ブルジョアと言っても、私たちが日常用語として使う金持ちといった意味でのブルジョアとはちょっと違います。これも面倒ください。

そこで歴史的な文脈は棚に上げて、現在、地方自治の文脈で語られる市民について考えます。すると大きく分けて二つの市民がある。一つは福島市民とか鹿児島市民というときの市民です。市民のほかに国見町《くにみまち》なら国見町民、檜枝岐村《ひのえまたむら》なら檜枝岐村民ということになる。つまりその市に属している人という意味ですね。これは先ほど述べた住民のうち市域に住んでいる人と同じです。

もう一つが重要なのですが、規範概念としての市民です。この場合は町民だろうと村民だろうと市民です。住民という言葉は市町村という一定の区画に属している人という意味が強いのでニュートラルな概念ですが、市民という言葉にはもう少し主体的な意味が込められている。地域社会を担う人々ということでしょうか。ただし、地域社会という限定もなく、一般的に社会を担う人々という意味で使われることもある。

たとえば市民運動というときの市民です。今の日本では市民運動と大衆運動とはたぶん客観的に大きな違いはないでしょうが、大衆運動が一定のインテリ層（知識人とか社会的な先駆者）に領導された運動という感じがするのに対して、市民運動は参加している一人ひとりの主体性が見えてくるような印象を与えます。市民運動は地域社会の運動という側面もありますが、環境問題や難民問題のように全国的あるいは世界的な課題に取り組むものもある。

地方自治の文脈で市民という言葉を多用したのは政治学者の松下圭一さんです。端的に言うと「市民自治」という考え方です。松下さんの市民は大衆社会論の中から出てきます。

それまでの社会科学では階級社会論が主流でした。経済活動が活性化してくると、一部の金持ち層（ブルジョア）と金持ち層に搾取される労働者層が分化してくるという認識ですね。一方、松下さんの場合には近代化（工業化＋民主化）によって新たに社会の担い手として生まれてくる階層は、単に虐げられ抑圧された階級的存在だけではなく、自由を尊重し知識も蓄えた大衆、すなわち市民という存在でもあるという認識です。

だから世界史の教科書的な意味での市民とはちょっと違う。市民革命での市民とはそれまでの国王勢力に対する新しい階層としてのブルジョアだったのですが、松下さんが導き出した市民はそのブルジョア層に対抗して生まれてくる大衆であり、しかもそれは単に受動的に存在する大衆ではなく、自ら社会にコミットしていく市民になる。

ただし松下さんの市民はある日突然目覚めた人という意味でもない。たとえば、社会問題に関心を抱いて、私は今日から市民になって社会問題の解決に邁進します、と宣言するような人はいない。経済活動が高度化して都市型社会に転換してくると登場せざるを得ない人々のことを指します。主観的ではなく客観的な現象ですね。それが規範概念ということの意味です。

## †なぜ市民が登場するのか

もう少し具体的に考えてみましょう。いま私たちは政策・制度のネットワークの中で暮らしていると松下さんは言います。たとえば水道、道路、電気、福祉、医療、環境など、見渡す限り、私たちの生活のありとあらゆるところに国や自治体などの政府政策が反映されている。電気は形式上、民間企業が担っていますが、原子力発電から電力自由化に至るまで、政府政策によって規制されている。これが都市型社会の特徴です。都市型社会というのは農村がなくなるという意味ではない。農村でも政策・制度に左右されて生活せざるを得ないという意味で現在では都市型社会なのです。

このような社会では私たちは日常的に政策・制度と衝突することになる。風邪をひいて病院に行くと医療費を支払う。この医療費は政策・制度の結果として決められています。健康保険制度があって助かったなあと思うこともあれば、こんなに医療費が高いと少しぐらいの熱では病院には行けないと思う人もいる。車を運転していても、なぜこんなところで渋滞が起きるんだと腹が立つこともあれば、高速道路ができて便利になったなあと思うこともある。一方、高速道路は確かに便利になるかもしれないけれど確実に環境を破壊しているかもしれない。つまり立場や視点によって同じ一つの政策が別の意味を持つことがある。

こうなってくると私たちは政策・制度の当事者になっていく。ある日突然都市型社会になったわけではないので、いつからこんな社会になったと明確には言えませんが、少なくとも一〇〇年前はこんな社会ではなかった。一〇〇年前、水は一部の大都市を除いて世帯ごとに井戸から汲み上げていましたし、電気はほとんど普及していなかった。中山間《ちゅうさんかん》地域で電力を賄うために小水力発電が推奨されたのは戦後のことです（農山漁村電気導入促進法、一九五二年）。もちろん自動車が町の中をぶんぶん走っていたわけでもない。

こんな時代の政治・行政の選択肢は外交とか防衛などのようなものが前面に登場します。五五年体制と呼ばれますが、日本でも長い間自由民主党と日本社会党が二大政党として国政選挙の選択肢になっていた。それは外交や防衛の立場が明瞭に分かれていて、たとえば日米安全保障条約に賛成か反対か、自衛隊の存在に賛成か反対かという選択さえすれば、その他の政策課題へのスタンスは自ずと決まってくるから、あとはお任せで済みました。

しかし今の私たちの生活は政策・制度のネットワークの中にあり、私たちは日常的に政策・制度に直面するので政策・制度の当事者になっている。身の回りが選択肢だらけになっている。たとえばこの道路を拡張するのに賛成か反対かという問題と、自分が住んでいる町の子どもの医療費を無料化するのに賛成か反対かという選択肢の間には直接の関連性はない。この二つの賛否の選択肢の組み合わせだけで「両方賛成」「両方反対」「どちらか一つだけ賛成」×二の四通りができあがる。

さらに厳格に考えれば、いろいろな条件付きの賛否がありうる。たとえば医療費の無料化は小学生までなら賛成、中学生までなら、高校生までなら、成人までなら、というふうに考え方が分かれます。これだけで数えきれない組み合わせが生まれる。さらに課題がもう一つ増えるごとに政策・制度の組み合わせは無数に増えていく。こうなると自分の選択肢と完全に合致する政党などは存在しない。だから自分が当事者になって、我が身に降りかかる政策課題を考えなくてはならなくなる。これが市民という存在が誕生する背景です。

だから市民になることはそれだけで公的な存在になるということです。個人とか家族の問題は、たとえいろいろな人の意見を参考とするにしても、最終的には自分で決断するしかないですが、政策・制度の問題はそうはいかない。考え方も感じ方も、あるいは置かれた環境や年齢、性別、職業も異なる人たちの間で意見を調整しなければならない。医療費の自己負担は安ければ安いほどいいという立場の人もいるし、いやそんなことをしたら将来的に制度が維持できないから不安だという人もいる。市民になるということはこのように政策・制度をめぐる意見調整に参加せざるを得なくなることです。だから公的な存在になる。この続きは第4講の地域社会と市民参加のところでやりましょう。

## 3　二元的代表制

### †自治体の統治のしくみ

先ほど、市町村長・知事は自治体の仕事をどのように執行するかを決めることができるし、議会はどんな仕事をするかを決めることができると書きました。どちらの決定が大元に近いかというと議会です。議会の決定がなければ自治体の仕事は始まらない。ところが多くの市民は、本当に物事を決めているのは市町村長・知事ではないかと思っている。しかもその推測もあながち外れているわけではない。現に大部分の決定事項は市町村長・知事から提案があり、それを議会が審議して決定しているのです。だから市民が何かをお願いに行くとしたら市町村長・知事のほうになる。

日本の地方自治制度では、市町村長・知事と議会議員の両方を別々の選挙で選んでいます。あまりに当たり前のように思っているかもしれませんが、世界的に見ると珍しいほうです。多くの国では、議員を選挙で選び、選ばれた議員が議会で市町村長・知事を選ぶ。海外では市町村長・知事が議員から選出されることもあれば、どこかからヘッドハンティングされてくることもある。同じ国内でも自治体の数ほど地方自治制度があると言っても過言ではない。それに比べて、日本は全国一律の地方自治制度になっています。律儀ですね。

市町村長・知事と議会議員を別々に選挙して選ぶしくみを二元的代表制と言います。最近では「的」を取って単に二元代表制という人も多い。しかしそれは後で触れるように正確ではない。一方、中学や高校の教科書にはほとんどが首長制と書いてある。いずれにしても国会のしくみとは違いますね。国会は選挙で選ばれた議員によって首相が選ばれます。議院内閣制と言います。だから首相は議会の多数派に支持されている。つまり議会の意思と首相の意思が異なる可能性は少ない。そうなると物事を決めるときの力が強い。ただし「ねじれ」と呼ばれる現象によって参議院では少数与党になる可能性もあります。だけど少なくとも衆議院では多数派ですから、一般的にはアメリカの大統領制と比べても、議院内閣制の首相の力は強いのです。

アメリカの大統領制も大統領と議会（上院、下院）の両方が選挙で選ばれる。日本の地方自治制度に似ていますが、実はかなり違う。アメリカの大統領には予算を提案する権限はない。予算を作成するのは議会側です。そのために議会にはたくさんのスタッフがいる。アメリカの大統領は、こんな予算を作ってくださいと議会にお願いをする立場です。もっと違うのは、日本の地方自治制度では議会が市町村長・知事を不信任したり、逆に市町村長・知事が議会を解散したりすることができます。この部分は大統領制にはなく議院内閣制に似ている。

アメリカの大統領制は大統領と議会が二本の柱のように並んで立っていますが、日本の市町村長・知事と議会とは独立して立っているように見えながら、お互いにちょっかいを出すことができる。だから大統領制を想定している「二元代表制」と言うと正確ではないので、私は「二元的代表制」と呼ぶようにしています。また「首長制」と言うと市町村長・知事が前面に出て、議会の存在感が薄くなってしまうので、私はこの言葉も使いません。

## †市民参加論としての二元的代表制

日本の地方自治制度のことを二元的代表制とネーミングしたのは行政学者の西尾勝さんです。一九七七年の論文で「二元的代表制民主主義」という言葉を使っている。これは一九七七年に東京都庁の都民生活局委託研究報告書として出された『都民参加の都政システム』が元になっているとされています。なぜこの時点で二元的代表制という言葉が使われ始めたのか。それには時代的な背景がある。当時の「革新自治体」と呼ばれる動きです。

革新自治体についての厳格な定義はありませんが、社会党など、当時革新政党と呼ばれていた政党などが推薦する市町村長・知事が選出された自治体ということです。一九六〇年代の高度経済成長や開発志向の政治・行政に対し、そのひずみから生まれた社会問題に取り組み、反公害や福祉の充実などを目指していた。市民の支持も高かったのですが、一九七七年というとその末期に当たり、美濃部亮吉東京都知事も三期目の後半を迎え、都議会との軋轢を抱えていた。

革新自治体では市町村長・知事と議会議員の多数派とが意思の反する勢力になっていることが多かったのです。そこで市町村長・知事側は「都民党」とか「市民党」と称して議会との無用な政治的対立をなるべく回避しようとしていた。そこで、高い支持率を背景とした直接民主主義的な手法や市民参加を活用することで市民の支持を調達し、議会の多数派の抵抗を抑え込む戦略を取ってきたのですが、この頃になると限界が見え始める。

行政学者の辻清明さんは、当時の著書で「最近の首長と住民との直結が、とかく議会を軽視する風潮を招いている点も事実」とする一方で、「わが国の地方議会の多くが、変化する環境や住民の動向に対する適応性を欠きやすかったため、住民運動が公選首長に結びつく方向をとったのも、自然の成行き」と書いています。さらに今後は「参加の機能は、地方議会に向かっても、その創造的活力を注入すべき」と指摘する。つまり議会が本来の機能を発揮していないので住民は公選で選出された市町村長・知事と結びつこうとするのは自然だが、市町村長・知事側も議会を軽視してはならないし、一方、議会も変わらなくてはいけないということでしょう。

辻さんの言うところの「とかく議会を軽視する風潮」に反発する議会の多数派に向けて語られたのが、西尾さんの二元的代表制民主主義論なのです。その頃、議会の多数派は革新自治体の市町村長・知事が掲げる市民の直接参加について、役所が議会を迂回して住民と直結することは、政治（＝議会）と地域有力者構造を迂回するものであり、自治体から政治をしめ出す可能性を開くという主張を展開していた。西尾さんはこのような主張のことを「議会迂回」説と名づけてかなり激しい調子で反論します。

ただしよく読むと、西尾さんはただ単に革新自治体とその市町村長・知事を擁護しているわけではない。市民参加の大切さを強調しているように見えます。要は、議会を経由せずに首長と市民が市民参加によって直結してもよいのだという考え方なのですが、それは、公選首長が「もう一つの代表機関」「もう一つの政治機関」「もう一つの統合機関」だからだということです。あくまでも民主主義のあり方を述べている。一方、西尾さんは「参加の拡充は議会権能をも強化し、議会の機能を活性化するものでなければならない」と付け加えて議会の重要性にも言及している。

## †二元的代表制の宿命

今また二元的代表制ということが強調されています。しかしそれは一九七七年当時とは逆の方向からです。一九七七年当時は議会に対して市町村長・知事の自立性を強調するためでしたが、現在は「強すぎる」市町村長・知事に対して「自治体議会の奮起を期待する」（金井利之さん）考えから使われている。

地域の行政を代表する市町村長・知事と地域の政治を代表する議会議員を別々に選挙で選ぶわけですから、誰がどう見てもいずれ相互に軋轢が生じるだろうということは予測できます。すっきりした理屈を好む人は、どっちが上なんだ、はっきりしろよ、と思うでしょうが、わざわざ軋轢を生むような制度にしているところに意味があると考えることもできる。

では市町村長・知事が公選ではなかった戦前であればこういう問題はなかったのかと言うとそうではない。一九二九年というから昭和四年の論文ですが、当時は内務省の官僚で、戦後は国会議員になり大臣を務めた古井喜実さんが次のようなことを書いています。

いわば町村会は町村民の直接の機関であるのに対し、町村長は町村民の間接の機関である。然るに、其の権限の上から観るならば、両者は厳格に対立して居る、否、対立ではなくして寧《むし》ろ町村長中心主義である。(原文の旧字を改めるなど読みやすくしています。以下同じ)

昭和四年の時期でも日本の地方自治制度は「町村長中心主義」だと言われている。この頃、いろいろ制約はありながらも住民の直接公選で選ばれているのは議員だけで、町村長は町村議会が選任しています。ちなみにこの文章で「町村会」とあるのは、現在の町村議会のことを指します。いま町村会と言うと町村長たちで組織される団体のことですから、こんなところでも意味が逆転していますね。

古井さんは「町村が住民の自治の団体である所以《ゆえん》が住民に理解せられない原因」の一つが、この町村長中心主義にあるとします。なぜなら「住民の直接選挙するところの町村会はさして重要な役割を担当せず、而して此の町村組織の中心を為し、町村の事務の大半を担当する町村長は直接には町村会の選挙するところであって、住民は其の選任に対し僅《わずか》に間接的に関与するにすぎないこと」、さらに「町村長には極めて多種多量の国の事務が委任されて居り、其の為に町村長は国の機関であると言う感が甚だ強く」、そのために町村が住民自身の自治の団体であるという観念を薄くしているからだと指摘する。

整理すると、議会は直接選挙で、町村長は間接選挙であるにもかかわらず、実質的には町村長に権限と仕事が集中する町村長中心主義になっている。さらに町村長は国の機関と言えるほど多種多量の国の事務を執行している。このため、住民は議員を選挙で選んでいるにもかかわらず、自治体という意識を持てないでいるということです。いま同じような指摘があっても共感できるような気がしますね。

こうして考えると、二元的代表制であろうがなかろうが市町村長・知事と議会との関係はなかなかうまくいかないものだと感じます。行政学者の大森彌《わたる》さんは二元的代表制には二つの脆弱性があると言います。第一は「特定の候補者を長に当選させた民意の所在と、地方議会議員の党派的構成に表出した民意の分布との間にくいちがいないしズレが生じうる」ことであり、第二には「行政の執行機関としての独任の長を、合議体である議決機関としての地方議会とは別扱いする余地が生まれる」ことです。後者がどのようなことを意味しているのかというと「行政職員を配下に持つ独任の長」が「地方議会の意思とは別に、いわゆる国からの『機関委任事務』の執行機関としての任務を担わされている」ことにつながると言っています。

言い換えると、二元的代表制に潜む宿命的な脆弱性とは、一つは、どちらかがどちらかに寄り添わない限り、議会と首長の意思がずれていく可能性が常にあることです。これはわかりやすいですね。もう一つは、執行権限を持つ行政機関としての首長の独任性が保たれることで、たとえば国などから、地域住民の意思とは違ったことを勝手に押しつけられかねないということです。これらを制度的矛盾ととらえるか、二律背反の緊張関係ととらえるかで、その後の改革へのスタンスが異なってくる。

## †政治と行政の相互浸透

前に、市町村長・知事は自治体の仕事をどのように執行するかという決定権限があり、議会は自治体がどんな仕事をするかという決定権限があると書きました。前者は行政、後者は政治と言い換えてもよいでしょう。ところが、ここまで見てきたように、現在の日本の地方自治制度は必ずしも厳格に行政と政治を分離しているわけではない。結果的に、現在の私たちが目にしている二元的代表制というシステムは、幅広でグレーなしくみなのです。

はっきりと分離されず、曖昧な状態になっているということは、理屈から見るとすっきりとはしないが、必ずしも欠点ばかりではない。むしろ現実の政策過程では、政治の行政領域への浸透や行政の政治領域への浸透が効果をもたらすことがあります。たとえば、政治が行政領域に浸透することによって、議会からの政策提案が具体的で現実的なものになりうる。また、行政が政治領域に浸透することによって、日々窓口や地域で実態と向き合っている行政職員からの政策立案が可能になる。このことを「行政の政治化」「政治の行政化」と名づけておきます。むしろこのようなポジティブな側面を生かす改革の構図が必要なのかもしれません。

二元的代表制の宿命に対しては三つの立場がある。

①二元的代表制の二律背反を解消するために議会を優位とする

②自治体議会と首長との役割を明確に分けてそれぞれが独立して決定し行動できるようにする

③機関対立主義という緊張関係こそ維持するべきと考える

の三つです。あるいは、自治体ごとの選択制にするべきという考えもあるかもしれませんが、たとえ選択制であってもそれぞれの自治体はいずれか一つを選択しなくてはならないので、結局は、この三者の綱引きと考えてよいでしょう。

まず①の立場です。名古屋大学の後房雄《うしろふさお》さんは「議会一元制」論を言っています。かつて橋下徹前大阪府知事や河村たかし名古屋市長、さらに現在でも小池百合子東京都知事は、議会の多数派を形成するために、自らが政党・会派や塾を立ち上げてきた。これに対して後さんは「たしかに、二元代表制の矛盾を解消する当面可能な方法」ではあるが、それは

「要するに議会の無力化であって、二元代表制の矛盾の自己否定的な解消というしかない」と言います。さらに本来の解決の方向性は「議会多数派が任期中は統治責任を一元的に担う議会一元制（議院内閣制、シティマネージャー制、委員会制など）が前提となる」と主張する。後さんの立論は明瞭です。相反する二つの意思の両立（＝ねじれ）という二元的代表制の宿痾は「議会一元制」によって解決されるということです。ただし「議会一元制」は憲法問題をクリアしなくてはならない。

## †大統領制の強調と機関対立主義

②の方向性は議決機関と執行機関を峻別するという考え方ですが、行政権の自立化につながるため、現在のように「首長が強すぎること」に対する危惧が議論されているときにはあまり目立たない。しかし自治事務次官や岡山県知事を務めた長野士郎さんによるかつての地方自治法の逐条解説では「大統領制に基づく地方制度においては、地方議会は、地方公共団体の意思機関ではあっても地方公共団体の最高機関ではもとよりありえない」と、日本の地方自治制度は大統領制であると強調されていた。

ここでは議会に対する執行機関の自立性が強調される。議会は自治体の最高機関では「ありえない」というのですから、これまでこの本で書いてきたことと真っ向から衝突する。現在の通説とも大きな距離があります。しかし少し前までは、実質的に自治省の官僚たちが執筆している地方自治法の逐条解説にこう書いてあった。後で地方自治制度の歴史を振り返りますが、現行制度の出発点における首長は明治維新政府によって国家統治機構の一翼という役割が期待されてきた。自治省的な解釈で執行機関の自立性が強調されるのはそのような系譜が隠されているのかもしれません。ただし、これまでお話ししてきた通り、日本の地方自治制度が厳密な意味での大統領制ではないことは確かです。

③の立場は機関対立主義とか機関競争主義と呼ばれる。山梨学院大学の江藤俊昭さんは機関対立主義に三つの原理があるとします。第一の原理は正統性の対等性、第二の原理は政策過程全般にわたる対立・競争、第三の原理は住民による統制です。このうち、第一と第三の原理は大統領制にも共通するものですが、第二の原理は二元的代表制独自のものです。つまり政策形成、政策決定、政策執行、政策評価等の政策過程全般にわたって、議会と首長とに権限が分有されており、それによって両者の対立・競争関係が生じるという考え方です。

しかし機関対立主義に対する批判がないわけではない。同志社大学の市川喜崇さんは、自治体議会の機能を、①政策立案機能と②行政監視機能に大別した上で、議会のみが担うべき機能は後者にあるとする。むしろ「議会に提出される条例の半数以上が議員提案になるという事態は現実的に想定しにくいし、また規範的にも好ましくない」「政策提言は、必ずしも条例の立案という形をとらなくてもよい」という。

また行政学者の中邨章《なかむらあきら》さんも「日本の地方議会は立法府であるよりも行政監視役に軸足を移すのが賢明と考えられる。議会は今後、住民に代わって行政部の監視機関に衣替えすることである」と主張している。政策過程全般への議会の関与を求める機関対立主義に対して、政策過程の入口と出口にしっかりと存在感を示すべきという考え方です。しかも大統領制のように議会が立法権を占有するのではなく、むしろ立法権そのものは首長側主導でもよいという発想に基づいている。機関対立主義が政治理論上の理想を体現しているとすれば、市川さんや中邨さんの考え方は現在の自治体議会が置かれた環境を踏まえた現実主義的な立論とも言えます。

# 第2講 地方自治の原理と歴史

## 1　自治体の考え方

### †地域住民の自己決定権

これまでは自治体について現在の制度やしくみを考えてきました。しかし立ち返ってみるとなぜ自治体があるのか、あるいはなぜ地方自治が機能していたほうがよいのかという根本的な原理を理解しなければ始まらない。ここでは自治体の歴史を踏まえて地方自治の原理について考えます。

人は一人では生きていけないので、生き抜いていくためには大小さまざまな集団を組んで社会を作る。日本各地で発見される縄文や弥生時代の集落跡はその出発点でしょう。集落は構成員を支え合うという機能とともに集落を統制する機能が必要になる。支え合うために統制する必要があり、統制するために支え合う必要がある。両者がセットになることで集落の自治が機能する。

一方、集落は世界中に一つではなくて、ポツンポツンと点在し、それらの集落間で対立関係や同盟関係が起こる。この発展型が国になる。だから原理の順番としては集落があって国ができることになりますが、時間的には同時に進行するはずです。言い換えると、原理的には自治体があって国があるということになりますが、時間的には自治体が存在するということは同時に国が存在していることになる。

学説的に地方自治の根拠を説明すると、①伝来説（承認説）、②固有権説、③制度的保障説、というのに分かれます。簡単に言うと、①伝来説（承認説）というのは、国があるから自治体があるという立場です。国という存在がしっかりあって、その構成要素が自治体というイメージになる。②固有権説というのは、もともと人が集まればそこに自治が生まれる、だから自治体のほうこそ本質で、その組み合わせがたまたま国になるという考え方です。

③制度的保障説というのが現在の主流で、①と②の折衷案のようなものです。具体的には憲法のような制度によって自治体の存立が保障されているのであって、いくら国だからといって自治体に対して好き勝手なことはできないし、逆に自治体も国があってこその存在だということです。このように現在の社会で自治体や地方自治について考えるということは、実は国との関係を考えるということになる。ひいては国家とは何かということにつながる。

もう一つ、別の方向から考えることもできます。それは「私」個人から出発する考え方です。近代化された社会では、私たち一人ひとりがそれぞれに意思を持ち、それを行使する自由がある。もちろん近代化以前でも人は意思を持っていたでしょうが、その意思は対等に存在していたわけではない。たとえば日本で言うと、女性が参政権を獲得したのは一九四五年一二月ですからわずか七〇年余り前の出来事です。

一人ひとりが意思を持つ存在であれば、自分のことは自分で決めたいと思うのが自然です。もちろん、人の意見を聞いたり勉強したりするのは当然ですが、最終的に自分のことは自分で決めたい。これが自己決定権ということですね。同じように家族のことは家族で決めたいし、地域のことは地域で決めたい。こうして自己決定権の発展型として自治体や地方自治を位置づけることも可能です。ただし、これは現代において説明できることであって、歴史的にずっとそうだったわけではない。

一九九〇年代後半に地方分権改革が進められました。その司令塔であり調整役でもあった地方分権推進委員会は一九九六年に出した中間報告で地方分権改革の目指すべき目標について「身の回りの課題に関する地域住民の自己決定権の拡充」と言っている。また二〇〇一年の最終報告でも「地方自治とは、元来、自分たちの地域を自分たちで治めることである」と記している。つまり自治体や地方自治の根拠を地域の人々の自己決定権から導き出しています。

これはそれまでの、①伝来説（承認説）、②固有権説、③制度的保障説といった学説論争にけりをつけるという歴史を画したのではないかと密かに私は思っている。これで決まりとしていいのではないか。

## 自治体はミニ国家ではない

自治体とは何かを考えていくと、必然的に国とはどう違うのか、自治体と国との関係はどうあるべきなのかというところに思考が進んでいく。まず国と自治体に共通する点はどちらも政府であることです。政府というのは政治・行政の単位であり組織であるということです。人は一人では生きていけないので集団や社会を形成します。そうすると集団や社会を統制するための権力が必要になる。権力のあり方とか強さとかは多様ですが、どのような政府でも個人の行為を規制する強制手段を持っている。だからこそ逆に市民は政府をコントロールしなければならない。

では国と自治体が異なるところはどこでしょうか。単純に考えると大きさが違う。確かに一理はある。国内で国より大きな自治体は存在しない。ただ国際的に比較をしてみると、一般的に日本の自治体規模はたいへん大きいですから、小さな規模の国よりも大きくて広いというところはたくさんあります。それでも一つの国の中を見れば、国より大きな自治体はない。そういう意味で自治体が国の構成要素の一つであることは疑いありません。

しかし自治体は国の構成要素であっても独立した別個の存在です。国の組織の出張所であれば自治体とは呼ばない。国は国、自治体は自治体というように別の存在なのです。人間で言えば別の人格があるということです。別の人格ということは身体が別であることであり、それぞれに考えたり決定したりする機能が別に存在している。

多くの人は、国と自治体は別の人格であったとしても上司と部下との関係ではないかと思っているかもしれない。国が上司で自治体が部下ということです。確かにそういう側面があることは事実です。しかし会社ではいずれ部下が成長して上司になることがあります。そのときに上司が部下になってしまうことも可能性としてはあります。つまり上司と部下は相互に入れ替わる可能性がある。つまり基本的には上司も部下も同じ資質を持っています。

しかし国と自治体とでは性質が違います。自治体はどんなに時間をかけても、あるいはどんなに大きくなっても国に取って代わることはできない。あくまでも国は国、自治体は自治体なのです。このことを別の言い方にすると自治体は「ミニ国家」ではないということです。慶應義塾大学の松沢裕作さんの言葉を借りれば、国と自治体は同心円状に存在しているわけではない。国も自治体も政府という共通性を持っていますが、自治体は国の相似形ではない。

それでは国と自治体との関係はどのように考えられるか。一人ひとりの市民がそれぞれの意思を等価に持っているということを前提とすると、「国と自治体との関係」は「市民と自治体との関係」と「市民と国との関係」に分解することができる。なぜなら国とか自治体というように個人を超越した存在は意思を持てないからです。意思は個人にしか存在しない。

たとえば会社の決定を考えてみてください。小さな企業であれば社長という個人の意思が会社の決定として機能している。大企業になると社内の会議を重ねて何らかの決定をするということはありますが、それは一人ひとりの構成員が合議で妥協を重ね、誰か（個人）が一つの決定にまとめたものです。会社という無機物が独立した意思を持っているわけではない。

人工知能が発展すると無機物が意思を持つような気がしますが、それは人工知能単体の意思にすぎない。その意思が他の人たちを拘束するわけではない。つまり意思というのは個人に帰属するのであって、国家意思とか、地域意思といった個人を超越した意思は幻想です。

## †補完性原理と信託

こういうことを前提にすると、市民は自治体に対しても関わりを持つし、国に対しても関わりを持つ。図2-1は自治体を市町村と都道府県に分けてこのことを図示したものです。

市民から、市町村、都道府県、国に向かって伸びる意思の方向性を「信託」と言います。市町村から都道府県、または都道府県から国に伸びる矢印を「補完」と呼びます。市町村ではできない、あるいはより広域でやったほうが望ましい仕事は都道府県が補完する。また都道府県でできないことは国が補完する。市町村、都道府県、国の仕事の分担はこのように決められるべきだということです。

こうした考え方を補完性の原理と言います。現在の地方自治法の考え方にも反映されていて市町村優先の原則として知られている。

補完性の原理は古くからある考え方のようですが、注目されたのは現在のEU(ヨーロッパ共同体)に結びつくようなヨーロッパ統合の動きが起きたときです。ヨーロッパが統合されるとして人々が一番心配したのは、これまでの自分たちの決定権がどこか遠くに行ってしまうのではないかということです。そこで補完性の原理が注目された。つまりそれ

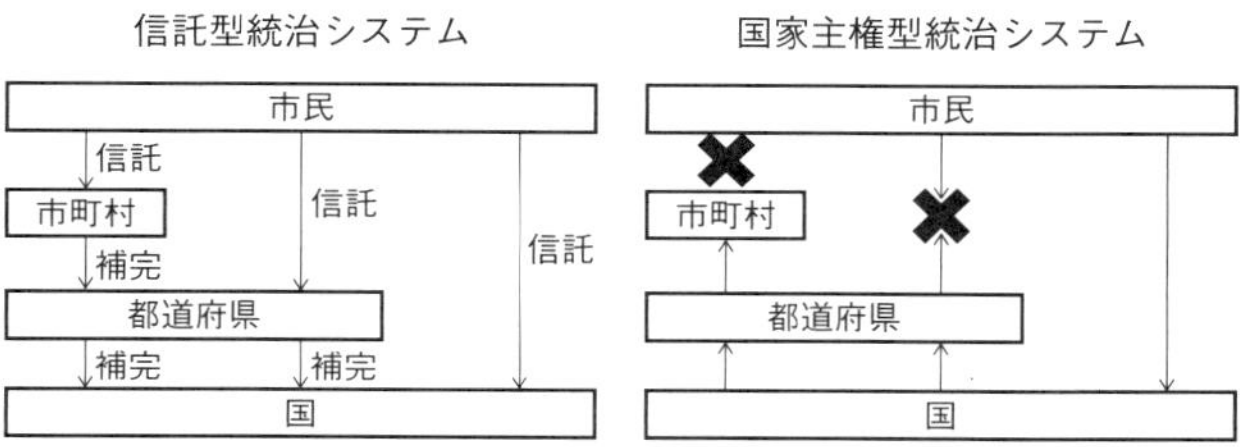


図 2-1　国と自治体との関係

それの国には主権があり、そこで解決できない問題だと自分たちが判断したときにヨーロッパの統合体がそれを補完するという考え方です。

　さらにこれを地方自治の原理としても確認します。それがヨーロッパ地方自治憲章です。ヨーロッパ地方自治憲章は、ヨーロッパ評議会（Council of Europe, CE）の閣僚委員会（決定機関）が一九八五年六月二七日に採択し、八八年九月一日に発効した。ここには地方自治が民主主義の不可欠な構成要素であることが謳われている。

　しかしなぜこんなに面倒くさいしくみを作っているのでしょうか。誰か有能な人がいて、みんながその人を民主的に選出すれば、あとは選出した人の指図通りに動いたほうが効率的ではないか。こういう考え方もありえます。国家全体が民主化されていれば地方自治など必要ないということです。それが図2－1の右側の図になる。最近でもよく耳にする「強い国」「強いリーダー」待望論です。

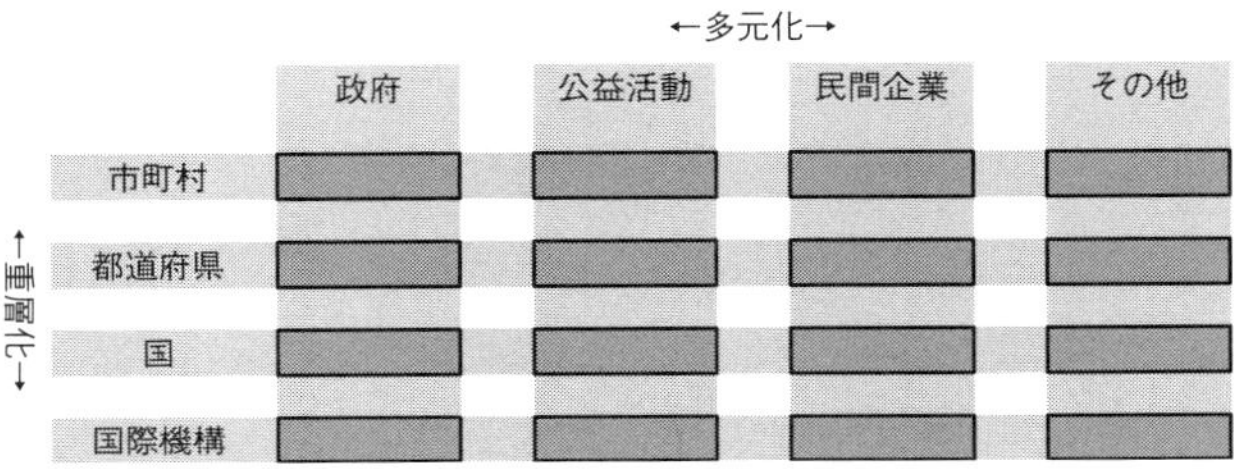


図 2-2　分節化の概念図

だが歴史をひもとくと、これまで世界は何度も痛い目にあってきた。ドイツでもイタリアでもロシアでも、ある意味では日本でも、広い意味での民主化の動きが出てきた直後に、その流れに危機感や失望感を抱いた人たちによって導かれた独裁政権や戦時体制になだれ込むことが起きた。計り知れない犠牲を払ったのです。

第6講で触れますが、日本は現在、人口減少と急速な高齢化を迎えている。人口減少そのものは先進国共通の現象ですが、人口ピラミッドのひずみによる日本の急速な高齢化は戦争を引きずっていると言っても過言ではない。もしあの戦争がなければこれほどのひずみは生じなかった。そういう意味で、現在の私たちは七〇年以上も前の戦争を原因とした社会の危機を迎えているということが言えます。

国という存在を否定することは難しいですが、何もかも国に一元化されると、一旦、誤った場合の犠牲が途方もないものになる。特に、もしこの次にそうしたことが起きれば、人間社会そのものを回復困難にするかもしれない。だから権力は分節化する必要がある。国という存在は否定できないけれど、分節化によって国家「観念」を解体可能にしておく。これが歴史の教訓です。

分節化というのは多元化と重層化です。多元化というのは権力の主体を分けていくことで、重層化とは多元化された権力を幾重にも重ねていくことです。図2－2のように分節化することで決定的な過ちのリスクを少なくする。ただし、こうして分節化が進むと、失敗の確率は高くなるかもしれない。それぞれの熟度が低下する可能性があるからです。しかし、それでも小さな失敗を重ねたほうが回復困難な失敗を一つするよりましだという考え方なのです。地方自治はその重要な柱の一つになる。

## 2　自治体の歴史

### †関係概念としての「村」

ここでは自治体の歴史を振り返りながら、本来、自治体とはどういうものなのかという自治体の原点を探っていきます。現在の地方自治のあり方を考えるためなので、江戸時代の後期くらいから始めます。出発点は「村」と「町」です。このときの「村」や「町」は現代の地方自治制度上の村や町とは異なるので、カギ括弧に入れておく。

狩猟や農耕など、人間が生き抜いていくために集団を組んだのが「村」の始まりです。「村」と「村」が交易をする場が「町」、つまり都市で、江戸時代は城下町や宿場町などとして発展する。江戸時代は分権型国家なので、それぞれの城下町に本拠を置く「藩」が国の役割を果たします。アメリカの「州」に近いものですね。「藩」のもとに「村」や「町」が統治される。およそこんなイメージです。

ここでのポイントは、「藩」「村」「町」というのは土地の区画を指すものではないということです。第1講の冒頭に現在の自治体の顔の一つとして住所ということを挙げましたが、このときの「藩」「村」「町」は住所に本質があるのではなく、統治の体系を示している。つまり「関係の概念」なのです。もちろん「村」や「町」には人が住んでいますから領域が存在します。だから結果的にここは「○○村」ということになるのですが、土地を分割して「村」ができているわけではない。「○○村」という集団に属する人たちが住んでいるからここは「○○村」になるという順番です。

逆に言うと人が住んでいないところはどこの「村」でもなかった。土地の区画ではないので、どの「村」にも属していない国土はいくらでもあった。というよりそれがほとんどだったでしょう。これも現在のアメリカと同じですね。国土を指すときの概念は「○○国」になる。東北で言えば、出羽国と陸奥国の二つしかない。九州は現在では七県しかありませんが江戸時代は文字通り九つの国があった。もちろんそれぞれに藩の数はもっとたくさんありました。「藩」「村」「町」という概念と地図の概念は全く違うのです。

たとえば天領というのが全国各地にあった。今でも石見《いわみ》銀山とか日田《ひた》豆田《まめだ》町《まち》など観光地になっているところがありますね。天領というのは明治になって、天皇家に属したところからつけられた名称なので、あたかも中央政府の直轄地であるかのような誤解を生みやすいですが、要するに江戸時代最大の大名である徳川家の領地ということです。

ちなみに「藩」という名称は明治期以降に一般化したもので、これも当時の呼び名ではない。徳川家は一大名にすぎない存在ですが、全国の藩を取りまとめて国政を執行してきた。だから制度的な意味で言うと江戸時代に中央政府はない。どうして全国あちらこちらに天領を設けているのかというと、経済的軍事的に重要なポイントを押さえるためで、つまり天領からの税は徳川家に納められます。

これは天領ばかりではありません。実はその他の「藩」もまた全国に飛び地があった。「藩」にあった「村」が天災や飢饉などで移り、新たに開墾して新田を開発することなどがあったからです。「村」というのは関係でできている集団の概念ですから、別の土地に移っても前のままの村名を名乗る。土地に村名がついているのではなく、人の集団に村名がついているからです。

そこで遠方の、たとえば他の藩の領地のど真ん中に移ったとしても、統治関係は前の藩との間に続くので、税は前の藩に納められる。今だと「ふるさと納税」という制度がありますが、当時は転居前の藩に納税をするのが基本だったのです。たとえば現在の東京都の世田谷区には彦根藩の領地がありました。江戸時代末期になってくると全国各地にこうした藩の飛び地が存在します。当然ですが、現在だと住所を移せば移した先の自治体に税を納めます。ところが江戸時代は違う。なぜなら、「藩」「村」「町」というのは土地の区画ではなく「関係の概念」だからです。

明治維新政府は廃藩置県を進めようとするのですが、実務的に一番困難だったのがこれです。県というのは土地の区画なので飛び地を整理しないといけない。現在でも三重県の中に北山村という和歌山県の飛び地が残っています。全国唯一、村全体が飛び地になっているところですが、おそらく廃藩置県のときに関係を整理しきれなかったのでしょう。「藩」「村」「町」が関係概念であることを示す生きた歴史資料です。

## †幻想としての自然村

「村」の規模は全国一律ではなく大小さまざまだったようですが、一つの「村」がいくつかの集落で構成されている。こうした「村」やその集落を「自然村《そん》」と言い、後に明治になって再編された地方自治制度上の村を「行政村《そん》」と呼ぶことがあります。ただしこれは誤解を招く表現なので今はあまり使われない。

もちろん「村」や集落は農耕を中心とした共同体的単位と言えないことはないですが、国との関係においては統治体系の一環に組み込まれているので、何らかの上下関係に位置づけられています。プリミティブな意味での牧歌的な共同体としての「自然村」は存在していない。特に江戸時代のようにきちんとした国家統治体制が作られると、「村」はその主要な単位となってきます。そこで現在では「自然村」ではなく、「藩政村《そん》」と呼んで、統治上の「村」の位置づけを明らかにしておくのが普通です。

江戸時代の納税（年貢）の単位は個人ではなく「村」です。藩が「村」に対して課税をしていた。これを「村請制」と言います。「村」は課税された金額（もの）を集落や世帯に割り振る。藩は定められた税金（もの）が「村」から納められれば問題はないので、「村」がどのように税を割り振っているのかについては関心がない。これが「村」の自治の源泉です。

「村」の世帯の中には病気をしたり、農地が災害にあったりして税を十分に納められない場合もある。そうすると「村」はその分を他の世帯に割り振ったり、あるいは融資をしたりして調整します。だから村民にとって「村」は課税をする権力的な存在であるとともに、生命や生活のセーフティネットとして守ってくれる存在という両義性がありました。こうした構造こそ「村」が自治体であることの意味です。

明治維新政府は課税と納税のしくみを抜本的に変えます。「村」が「藩」に納めていたものを、全国均一の制度として個々人が国に納めるようにする。そのために前にも触れたように戸籍が作成され、国が個々人を管理できるようにした。その戸籍の仕事が紆余曲折を経ながら自治体に押しつけられる。国の仕事を自治体が分担してやらなければならないとなれば、国土に自治体の空白地帯があってはならないことになる。こうして自治体は人の集団という存在から、分割された国土を所管する行政組織の性質が色濃くなっていきます。

### †市制町村制

「藩」「村」「町」という江戸時代の地方制度は、明治維新の過程で試行錯誤を繰り返しながら現在の地方自治制度に近いものに再編成されていく。おそらく現在の問題点の多くはこの時点に発生している。

江戸末期からの地方自治制度の変遷を簡単に整理すると、「藩政村」→「戸籍法」→「大区小区制」→「三新法（郡区町村編制法、府県会規則、地方税規則）体制」→「連合戸長制」→「市制町村制」という流れになります。このあたりのことは歴史学では重要なテーマの一つになっていて、史料や研究も豊富ですがここでは省略します。ただし、このような明治初期の約二〇年間の過程は行きつ戻りつの繰り返しで、必ずしも大きなビジョンが合意されてその方向に単線的に展開されたというものではないことは確かです。

その一応の決着点が「市制町村制」（一八八八年〈明治二一年〉公布、一八八九年施行）になる。これは「市制」と「町村制」という二つの法律のことです。これに「市制町村制理由」という提案説明書があり、これもしばしば参照されます。ここでほぼ現在の地方自治制度の根幹が形成される。

まずポイントは、法律上、基礎的自治体が「市」と「町村」の二種類に分かれているということです。現在も市、町、村がありますが、基本的には地方自治法で一括されていて、市、町、村の間に大きな差異はない。事務の配分では生活保護の業務が町村になく、町村エリアの生活保護行政は県庁が担当するといった違いがありますが、自治体制度として違うところはない。しかし、市制町村制は「市」と「町村」が別の法律でできていて、しかも市町村長や議会のあり方などに多少の違いがある。どうも「市」と「町村」との間にはその性格について国の認識に違いがあるように見えます。

これまで触れてきたように村と町は江戸時代からの呼称です。制度という面では江戸時代の「村」「町」と市制町村制における村と町とでは異なりますが、今で言う第一次産業としての村と第二次・第三次産業としての町という大まかな区分は通じている。しかし、市は初出です。市はこの直前の制度である郡区町村制の区から引き継がれている。

市制町村制施行時に市に指定されたのは京都、大阪、横浜など全国で三一市しかない。現在の県庁所在地より少ない。町は都市という意味ですが、市はさらに大きな都市であることを示している。「市制町村制理由」を読むと、明治維新政府はそれなりに村や町の自治性を尊重しているところが見えますが、市に対してはあまり強く感じられない。村や町に対して、明治維新政府は旧来的な地域の支配層による自治を利用したほうが国家統治にとって何かと都合がよいと考えていたのではないか。だから「市制」と「町村制」を分けて制度設計したのではないかというのが私の見立てです。

## †公民とは

市町村会（現在の市町村議会）の議員は選挙で選ばれた。選挙権は「公民」に与えられる。今も学校の社会科に「公民」という分野がありますが、おそらくその名残です。公民とは満二五歳以上の男子で、一戸を構えており、当該市町村の地租を納めているか、直接国税を二円以上納めていることなどが条件です。しかも納税額の多寡に応じて等級に分かれていて、市の場合は三級、町村の場合は二級に分け、一票の重みを変えていた。今から見るとひどく差別的ですね。

市長と町村長の選ばれ方は微妙に違います。市長は市会が推薦した三名の候補者の中から内務大臣が選任した。町村長は町村会で町村公民の中から選挙される。一応、知事の認可が必要ですが、市長の選出よりは国の意向が反映されない。市には議会のほかに参事会というのがあった。参事会というのは、市長、助役、名誉職参事会員で構成されるもので、いわば理事会のようなものでしょうか。

このように「市制」と「町村制」とでは微妙に制度が異なりますが、いずれの相違も、町や村に対してはそれまでの自治を尊重し、市については人工的、機能的な自治体という傾向が見られます。つまりここで「町村制」とは別個に「市制」を作成し、なおかつこの後、幾たびかの合併などを経て、市になだれ込む町村が増えていくということが、日本の地方自治の性格をゆがめていった要因の一つではないかと思うのです。

東京、京都、大阪の三都は市制を適用しましたが、大都市の中の大都市としていくつかの特例が設けられた。これらの都市には市長、助役が置かれず、府知事、書記官がその職務に当たります。当時の知事は国の官僚が人事異動で任命されるものですから、これらの三都は国の直轄地のように扱われていたと言ってもいいかもしれない。三都の制度はこの後変更されていきますが、現在でも「京都府」「大阪府」というように「府」の名称がついているのはこの名残です。東京府についてはその後、京都、大阪とは別の制度になり、戦時体制の強化のために東京市を廃止して東京府から東京都になります。

この当時、町村にはそれを包括する「郡」がありました。今でも住所に郡名が残っていますが、この頃は郡役所もあった。郡に実態があったのです。郡の仕事は地域によってかなり違いますが、現在の一部事務組合に似ている。つまりそのエリアの町村が広域的に処理したほうがいいと思っていた事務を取り扱っていたのです。運営費の負担も構成する町村が出しあっていた。郡制が廃止されるのは一九二一年（大正一〇年）のことですが、その後、郡役所はしばらくの間、残務処理で残ります。

## †国策としての合併運動

このような市制町村制を施行する前後の期間に「明治の大合併」と呼ばれる国策が展開される。市制町村制の施行にあわせて市町村合併が進められたことによって、幕藩体制で培われてきた「自然村」が「行政村」として再編され、日本の地方自治制度の基礎が形成されたという理解がこれまでは支配的でした。

このように「行政村」と「自然村」を軸にこの間の地方自治制度の歴史を理解する立場は、その後の村落二重構造論につながっていく。村落二重構造論というのは、日本の市町村は内部に「自然村」的な要素を内包したままなので、何かと言うと「行政村」と「自然村」との相克が露呈するといった考え方です。

ところが、近年の地方史や行政史の膨大な研究業績は、そのような理解をすることに対して批判的です。特に、明治の大合併をどのように理解するかということは、日本の地方自治制度はもちろん、日本という国家の政治・行政体制全般をどのように評価するかというところまでつながる。ここらあたりの歴史論争について、本書では割愛しますが、大著がたくさん出ているので、興味を持った人はぜひ読んでください。

いずれにしても市町村合併こそ日本の地方自治制度の特異性を象徴しています。これまで日本では、明治、昭和、平成とほぼ五〇年間隔で市町村合併の国策運動があった。実際にはその間にも、郡役所廃止前後、あるいは太平洋戦争中などにも多くの市町村合併があったのです。

このように見てくると日本の地方自治制度は市町村合併の歴史だったということがわかる。しかもどの大合併も市町村側の事情で進んだ合併はなく、いずれも国策として国から

| | アメリカ | ドイツ | フランス | イタリア | イギリス | 日本 |
|---|---|---|---|---|---|---|
| 人口平均（人） | 9,000 | 6,600 | 1,700 | 7,100 | 114,500 | 71,400 |
| 面積平均（km²） | — | 28.7 | 14.9 | 37.2 | 458.3 | 211.3 |

表2-1　基礎的自治体の国際比較
〔出所〕日本総研（2008）から一部改変して筆者作成

の強固な働きかけによって進められたということが共通している。どれだけ意識されていたかはわかりませんが、結果的には、度重なる合併によって多くの町村が市に転化していくことになった。市制町村制のところで見たように、このことが自治体の原点を見失わせ、人工的、機能的な自治体に変化させた要因ではないか。ここが欧米の自治体像と隔たった日本の現在の市町村像を形成してきたポイントになる。

もちろんヨーロッパの自治体にも市町村合併の事例が存在しないわけではありません。しかし、これほど執拗に何回も合併が繰り返され、結果的に、人口、面積などにおいて大規模な基礎的自治体を作り上げてしまった国は他にない。たとえばドイツでは一九七〇年代に合併が推進されましたが、それでも平均人口は七〇〇〇人弱です。フランスも同様に一九七〇年代にコミューンの合併がありましたが、四万弱あるコミューンのうち合併コミューン数は約二〇〇〇にすぎない。

表2－1のように、先進国のグローバルスタンダードで言うと、日本の市町村規模は異常なくらい大きい。イギリスも大きく見えますが、実はイギリスには基礎的自治体の中にパリッシュという地域組織があり、もしこ

ちらを基礎的自治体と考えるのであれば、日本だけが突出して大きいということになります。

規模が大きくなったことで、日本の自治体は欧米と比較して仕事の内容が異なってきた。他の国では国がやるべきことは国の組織でやることが多いのですが、日本では国がやるべきことも基礎的自治体がやっているということが少なくない。たとえば国民健康保険の仕事を市町村がやっていますが、これは明らかにナショナル・ミニマムとしての国の仕事です。戸籍管理やマイナンバー業務だって、本来は国の仕事なのに市町村がやっている。

## †富国強兵と市町村合併

意外と思われるかもしれないが、日本では何かというと国は自治体に仕事を回そうとしてきた。ただし権限と財源は手放さない。つまり国は自治体に仕事を回すことによって、むしろ自治体に対する統制力を高めてきた。仕事はやらないで済むし、そのくせ指示をしたり威張ったりできるわけですから、国にとってはおいしいしくみですね。逆に言えば、このために度重なる市町村合併が推進されてきたと言えるかもしれない。

実は「分権」という言葉も明治からあった。決して最近の概念ではないのです。「市制町村制理由」には「分權（権）」という言葉が出ている。当時から国は自治体に仕事を移譲することには積極的だった。というよりはむしろ、国は富国強兵、殖産興業という近代化に邁進していたので、その他の内政については自治体に放り投げていた感まである。しかし権限と財源は手放さないから、仕事を移譲されればされるほど自治体は国に伺いを立てなければならなくなります。こうして「分権」という名のもとに仕事が移譲されるとそれが集権化を招くという構造になる。このようにして日本的な地方自治制度が形成された。

象徴的な事例として明治の大合併を見ておきましょう。明治の大合併は、江戸時代の「藩」「村」「町」という分権型国家統治体制を集権型国家に再編して富国強兵路線を進める地方自治制度づくりの集大成として行われた。総務省の資料には約七万の町村が約一万六〇〇〇になったとされています。ただし正確に言うと合併前の約七万という数字は、これまで説明してきた江戸時代の「村」を引き継いだものなので、合併後の約一万六〇〇〇という数字とは性格が違う。この時点で「村」のカギ括弧が取れるということです。

明治の大合併を説明するときに義務教育とした小学校を維持するためと言われることがありますが、これは俗説で正しくはない。後付けの理由です。同じように昭和の大合併は新制中学校を維持するためという説明もありますが、これもウソです。合併時にそのようなことを理由とした説明が行われていないばかりではなく、時系列上もありえない。現在でも総務省のホームページには似たようなことが書かれていますが、これは史実に反する。

明治維新政府は政権奪取後直ちに「征韓論」が出てくるように、一早く欧米の「列強」に肩を並べることが目標になっていた。国内制度も近代化する必要がありましたが、それは一重に富国強兵、殖産興業に資することが求められたためです。だから可能な限り行政上の国の負担を減らし、仕事を市町村に押しつけるということをしました。市制町村制を前後する明治の大合併もこうした背景なしには理解できない。なにせ市制町村制施行の五年後には日清戦争が始まるのですから、戦時体制と町村合併は切っても切り離せない。

その後、一定の広域行政を担っていた郡制・郡役所が相次いで廃止されるのを契機に合併が進んで市町村数は約一万二〇〇〇になり、戦時中の戦時体制強化のために軍港都市などの合併が進んで約一万になる。そして一九五五年を前後する昭和の大合併で約三五〇〇程度になります。

このようにして日本では明治維新以降の市町村合併の繰り返しによって、本来の自治体が持っていた性質を失ってきた（韓国など一部のアジアの国にも市町村規模が大きいところもあるので、ひょっとしたら自治体という制度に対して日本と同じ感覚があるのかもしれない）。したがって、市町村合併の話を突き詰めていくと、結局のところ、現代日本において自治体とは何かという本質問題につながる。

## 3　分権改革と平成の大合併

### †自治は蘇る

こうして欧米に比べると日本の市町村は人口や面積の点において大規模化、広域化してきた。弁証法の一つの考え方に「量から質への転化」がありますが、規模が変わることによって市町村の質が変化してきた。一方、一人の個人という視点から見ると、江戸時代の「村」「町」を引き継ぐ封建的で窮屈な共同体から解放されるという側面がないわけではない。

しばしば現代では個人がアトム化（原子化）していると言われます。つまり社会の中で個人がばらばらになって孤立するということですね。こうしてアパートの隣人の名前も知らない都市生活が社会問題として取り上げられるのですが、一人の個人にとってそれはそれなりに心地よいということでもある。それが都市の魅力でもあるのです。

かといって、人は一人では生きていけないので、大規模化、広域化した中で新たな共同性を育み始めます。少し距離感を置いて、関係が煮詰まればいつでも撤退できるようにしておきつつ、お互いに必要な限りにおいて集団を組んだり、関係を結んで社会を生きていく。ネット社会になるとそういう傾向が拡大してくる。パソコンやスマホを入口にして、必要な限りにおいて他者とのつながりをつける。今や食料品や衣料品もそのようにして入手可能になる。ネットで注文すれば誰とも会話をしないで配送されてくる。

ところが人間は電脳空間で一〇〇％、暮らせるわけではない。なぜなら人間は身体を持つ物理的存在だからです。たとえ食料品をネットで注文できても、最終的に自分の身体に摂取しなければならない。そのためには食料品という物理的存在が手元に配送される必要がある。未来的にはいずれロボットやドローンが配送してくれるかもしれませんが、それでも必ず、ものが運ばれてこないと生命は維持できない。もう少し現実的な話をすれば、病気とか介護とか災害というときに、人は自分の身体と向き合わざるを得ない。

したがって、都市型社会の到来によって、制約のない自由な関係性を持つかのように見えて、実は常に広義の地縁性と完全には縁を切ることができない。たとえば趣味で卓球を始めたというときに、ネット上で遠方に親しい卓球仲間ができたとしても、現実的に日々、卓球をするためにはある程度、近くに住んでいる人とでなければできない。確かに隣人との近隣社会は失われ、あるいはそこから解放されるかもしれませんが、だからと言って地域社会がなくなるわけではない。つまり緩やかな地縁性は絶対に残るのです。繰り返しますが、それは人が物理的存在だからです。

自治体も同じです。たとえ大規模化、広域化しても新しい緩やかな共同性が生まれます。人がどこかの地域で暮らす限り、それは必然的です。それが卓球サークルであったり、PTA仲間だったり、商店街の付き合いだったりするかもしれない。江戸時代の「村」や「町」が職業的にも階層的にも単色の糸で縫われているとすれば、大規模化、広域化した自治体ではさまざまな色合いの糸が混ざりながら一つの布を作り始める。つまり新しい自治が生まれるのです。

国策によって市町村合併が繰り返されながらも、人はそのように工夫して生きてきた。ところが新しい地域的な共同性を獲得しようとすると、そこで必ず国は市町村合併運動をしかけてくる。国の自己防衛本能みたいなものなのでしょうか。昭和の大合併もそうでした。そのときも数々の流血事件や監禁事件などがありました。

たとえば一九五五年一〇月一一日の『福島民友』には、町村合併をめぐる紛争が特集されていて「相つぐ大乱闘、流血事件」という見出しが躍っています。安達郡岩根村では「本宮派の村議二名がヤミ打ちされて重傷を負い、その前に喜久田派約三〇〇名が野良着姿にムシロ旗をかかげ、太鼓を打ち鳴らし〝攻めるも守るも……〟などと県庁にデモを敢行」など、各地での混乱を報じている。その他、分村（町村を分離すること）や合併による財政破綻も話題になっていて「町村合併はさらに地方自治団体の財政窮乏に拍車をかけた」（『福島民友』一九五五年八月六日）とある。意外にも各地で合併をめぐる住民投票が多用されているようすもわかります。ぜひ一度、図書館に行ってこの頃のローカル紙を見てください。

## †二〇〇〇年分権改革

それだけの犠牲を払った上で合併を強要された自治体でも、その後は改めて時間をかけ、たとえば高度成長のひずみに対抗する反公害の先陣を担うなどして、再び自治を獲得し始めるのです。本書は制度を中心とした説明なので、具体的に自治体がどのような政策で存在感を高めてきたのかということについては触れませんが、たとえば『戦後自治の政策・制度事典』などを読むとわかります。また、まちづくりの歩みや到達点については、都市プランナーである田村明さんの岩波新書や情報工房の山浦晴男さんのちくま新書が参考になる（巻末リスト参照）。

二元的代表制のところで触れたように、一九六〇年代後半から七〇年代初頭にかけて革新自治体という運動もあった。政策的には開発から福祉への転換に寄与し、国政にも影響を与えた。革新自治体については近年も学界で論争が起きていますが、現在の自治体のあり方の基盤を形成したことは間違いない。

昭和の大合併後から四〇年をかけて再獲得した自治体の自治の結実が一九九〇年代後半の分権改革です。一九九三年、宮沢喜一内閣のときに衆参両院で全会一致の国会決議があった。それが「地方分権の推進に関する決議」です。先にも述べたように「分権」という言葉は明治から国政過程に上がっていた。もちろん一九二〇年代の両税委譲運動（国税の地租と営業税を地方税にするという運動。国政を二分したが、結局、固定資産税と事業税として地方税化されたのは戦後のことになる）など自治体側からの分権要求は一貫して続いていた。しかし国会が明瞭に「地方分権」を掲げたのはこれが最初です。

その背景には相次ぐ国の官僚機構の機能劣化が財界や与党政治家にも問題視され始めたことがあります。国会決議後も厚生事務次官の汚職事件（一九九六年）や大蔵省の過剰接待事件（一九九八年）などが明らかになり、分権改革への追い風になった。国会決議直後の選挙で自民党政権が下野し、県知事経験者である細川護熙内閣が誕生するなど国政の変動期でしたが、どのような政治勢力も分権改革への志では一致していた。

一九九四年に村山富市内閣が自民党と社会党を中心とした連合政権として誕生すると、分権改革への歩みが急速に進みます。地方分権改革大綱をまとめあげ、翌年に地方分権推進法を成立させ、分権改革の原動力になった地方分権推進委員会を立ち上げる。この委員会が中央省庁と直接折衝をしながら数度の勧告と意見を出し、それらをもとにした地方分権一括法（四七五本の法律改正）が一九九九年に成立して、大部分が二〇〇〇年から施行されます。

## †機関委任事務の廃止と天川モデル

分権改革の最大の成果は機関委任事務の廃止と言われている。機関委任事務というのは、市町村長や知事が国の機関として仕事をするしくみです。現在も自治体は本来、国がやるべき仕事をたくさんしている。自治体の仕事であれば、選挙で選ばれた自治体議会の決定のもとに市町村長・知事が実施するということになりますが、機関委任事務というのは国の仕事を市町村長・知事というポジションにある人が国の組織の一員として執行するというしくみだったのです。

つまりその機関委任事務の仕事の範囲では、市町村長・知事は首相や大臣たちを上司と仰いで、自分はその部下になるということです。したがって、自治体議会は機関委任事務に関与できなかったし、住民も発言権がなかった。自治体にとってそういう仕事の割合が大きければ、せっかく選挙で議会議員や市町村長・知事を選んでいても意味がなくなってしまう。

そこで分権改革では自治体関係者の悲願とも言うべき機関委任事務の廃止を進め、そのかわり法定受託事務という概念を作りました。法定受託事務は、本来国がやるべき仕事ではあるものの、法律によって自治体が分担するという考えです。したがってその仕事は自治体の仕事になるので、議会も関わることができるし条例を制定することもできる。だから住民も意見を言うこともできる。

ただ分権改革から二〇年近くにもなりますが、機関委任事務の廃止が効果的だったかということについては疑問も出ています。結局のところ、本来は国の仕事を自治体がやることに変わりないので、どうしても統一した基準が必要になってくる。たとえばもし自治体によってパスポートの取り扱いが違えば、影響するのは市民です。事務処理の仕方など、多少は自治体の裁量が入る余地はありますが、大きく変えることはできない。その一方で自治体の仕事として位置づけられたので、万一、トラブルが起きれば自治体が責任を負うことになる。

日本の国―自治体間関係を説明するものとして「天川《あまかわ》モデル」と呼ばれるものがあります。これは『日本の地方政府』という本にまとめられた共同研究の一つとして、政治学者の天川晃さんが書いているもので、一般的な「集権」―「分権」という軸にクロスさせて、「分離」―「融合」という軸を設定している。この二つの軸によって、①集権・分離型、

②集権・融合型、③分権・分離型、④分権・融合型という四つのタイプが得られます。現在の日本の地方自治がどの程度まで分権的であるかは意見の分かれるところですが、少なくとも「融合」型であることは疑いない。機関委任事務を廃止しても国と自治体の融合性が強いとなかなか分権改革の効果が現れないと言えるかもしれません。

その後も分権改革と呼ばれる動きは各内閣で進められていますし、分権一括法と呼ばれる法律も二〇一六年で第六次が成立しました。しかし単に分権改革と言えば、この二〇〇〇年分権改革のことを指します。このときから国政の課題の一つとして分権改革が当たり前になり、また実際に法的な意味で自治体のあり方が大きく変化したからです。

## †平成の大合併

分権改革の影響を受けて自治体側で大きな変化をもたらしているのは自治体議会やその議員です。分権は責任の移譲でもあるので、議会やその議員の責任が増したことは言うまでもありません。また住民も自治体でやっている仕事のすべてについて自治体が責任を負うということになれば、自治体への要求や期待も高まりますし、市民としての責任も負うことになる。そこで全国各地に広がったのは、「自治体の憲法」というスローガンを掲げた自治体基本条例制定運動です（一般には「自治基本条例」と呼ばれていますが、自治体という政治・行政組織のあり方を定めるという意味で、松下圭一さんは「自治体基本条例」と名づけている）。しかし、こうして再び自治体が地方政府としての新しい共同性を獲得し始めると、また懲りもせずに国は合併の旗を強く振り出す。それが平成の大合併です。

明治、昭和など、国策としての市町村合併運動は、少なくとも自治体側には必要性や必然性がないまま国が推し進めたのですが、平成の大合併においては国の側にも何らの必要性や必然性がなかった。このことは後に、当時、合併を推進した中心人物が述懐している。たとえば野中広務さんは「ところが私は今になって、やや、やりすぎたかなと思っているのです。後悔しています」「地方自治の本旨からずれているから恐ろしいのです。空洞化してしまっている。これは失敗です」と語っている。どうしてこんなことが起きてしまったのか、二度とこういうことが起こらないようにするためにはどうしたらよいのか、そのことを詳しく見ておきます。

「平成の大合併」とは二〇〇五年を前後して、国策に基づいて行われた市町村合併のことです。およそ三二〇〇あった市町村が合併後に一八〇〇弱になった。この問題について私は『「平成大合併」の政治学』という本を二〇〇八年に出しました。合併のピークから三年でまとめたものですが、現時点でこの本に付け加えるような新しい問題はない。逆に言うと、この総括でほぼ言い尽くしたということです。

しばしば市町村合併の成果は長期的に現れるものだから、短期間では評価できないと書く研究者や行政機関がありますが、それはウソです。好意的に考えても言い逃れか責任の先送りでしかない。実験室で行う理科の実験とは違い、このような社会的な問題は、一〇年、二〇年と経てば、市町村合併による変化なのか、それとも経済情勢などのその他の要素による変化なのか、判別がつかなくなります。

現に昭和の大合併のときにも似たような言説がまかり通りましたが、今から振り返ってはっきりしていることは、有力な合併検証研究は合併後五年以内に発表されていて、その後は検証作業そのものがほとんど見られないということです。たとえば昭和の大合併の頃、多くの合併市町村が財政再建団体に陥りました。合併が財政危機を促進したのです。ところがその直後から始まった高度成長というインフレで債務が解消されて帳消しになっている。のど元過ぎれば、というやつですね。時間が経てば経つほど、合併検証研究は社会的変化に追いつけない。

## †財政改善のためではない

最近でも次のような主旨の合併検証研究に出会いました。第一に、「合併によって市町村数を減らし、地方交付税などの地方財政負担を軽減させ、国の巨大な債務等の深刻な財政状況を少しでも改善しようとする意図が背景にあった」というものです。このような分析は合併に否定的な立場の人たちに多く見られますが、そんなことはない。

平成の大合併によって地方交付税がどの程度削減できるかという試算を総務省が二〇一五年度予算策定時にしています。地方交付税というのは、それぞれの自治体が住民に対して必要最小限の行政サービスを実施するのに必要な財源を保障し、自治体間の財政を調整するために公布されるお金のことです。その試算によると、合併に伴う地方交付税の削減効果は九五〇〇億円となっている（『自治日報』二〇一五年一月二三日号）。

九五〇〇億円というと確かに巨大な金額です。しかし、地方財政計画という自治体全体の財政規模は九二兆円（二〇二三年度）ですから、わずか一％程度の削減効果でしかない。しかもこの程度の変動は予算見積もり作業の中で毎年のように起きている。つまり誤差の範囲です。あれだけの犠牲を払って得られる金額としてはゼロに等しいと言っても過言ではない。しかもこの財政効果は合併後一〇年を経てから生じ始め、一五年後で得られるものです。合併のピークは二〇〇五年ですから、二〇一五年の時点では実質的にはほとんどゼロです。

しかし個別の市町村、特に財政規模が小さい合併市町村にとってこの減額は大きな打撃を与える。つまり国全体としてはほとんど効果がない一方、個々の合併市町村にとっては財政破綻を呼び起こす導火線の役割を果たすくらいに大きな削減なのです。

そこで合併市町村は反発しました。国策に従って合併に協力したのになぜ合併市町村だけが打撃を受けるのかというものです。私たちから見ると、そんなことは合併前にわかっていた（それでもなぜ合併を決定したのですか）と思うのですが、すでに合併を決めた人たちのほとんどはすでに政治・行政の表舞台から退いていますので、後に残された人たちの思いとしては理解できないでもありません。

そこで総務省は二〇一五年度の地方交付税算定から合併市町村に対しての埋め戻しを始めた。いろいろな理由をつけて、合併によって減ってしまった交付税の減額分を少し割り戻した。二〇一五年度の地方交付税ではその金額が六七〇〇億円になります。効果が九五〇〇億円で、そのうち六七〇〇億円を埋め戻したのですから、差引の実質的効果は二八〇〇億円になる。地方交付税全体の規模と比較してもわずか一％程度にすぎない。しかも、先ほど述べたようにこの効果が完全に現れるのは合併後一五年を経過したときですから二〇二〇年近くになる。その前にこの程度の変動はいくらでも起きています。つまりこれだけの犠牲を払って合併するまでもなかったということです。

## †企業合併との錯誤

そもそも国も「国の財政再建のために市町村合併を始める」とは一言も言っていない。

合併の財政効果を計算すれば簡単にわかることですから、国の官僚がそのようなことを言うはずがないのです。むしろ当時、そのように発言していたのは自治体側の政治家たちでした。合併市町村の市町村長は市民説明会の場などで、この合併は国の財政を救うものだから耐えてくれ、と言っていた。自治体側に合併する理由や必然性がなかったのですから、市民に説明するときには「お国のため」「避けて通れない時代の流れ」というほかなかったのです。

ここが研究者としての私の最大の疑問点です。少し考えれば合併するほうが不利だとわかるはずなのに、なぜ多くの自治体が合併に突き進んでいったのか。市町村合併が国によって強制的に行われた事例は一つもありません。すべて自治体側の決定と申請に基づいて行われています。一九九〇年代後半から分権改革が取り組まれ、国と自治体とは対等協力の関係であるということが言われていた。実質的にもこの問題に関する決定権は自治体側にありました。それなのになぜ自治体は自傷的とも言える行動を取ったのか。

悲しいことに合併市町村の政治や行政の担い手の人たちは、自分たちの地域や住民のことを第一に考えず（もし考えていたら財政が苦しくなる合併を選択するはずがない）、国や県庁がそう言っているからと合併を進めていったのです。それ以外にこうした自傷的な行動を選択した理由が見当たらない。

それではどうして国は平成の大合併に取り組んだのか。経済合理性という観点から見ても合併というのはあまり効率的な方法ではありません。市場原理というのは競争相手というアクターがたくさんいて、それぞれが切磋琢磨するから機能するものです。アクターを減らしたり、新しく参入する障壁が高くなれば市場原理は機能しなくなり、強いものがより強くなるだけで、消費者側は不利益を被る。

最近、特に大きな企業合併が進められているのは、他の国の企業との競争に勝つためというのが大きな理由です。そのために国内の競争を減らして、海外との競争に臨むというのがタテマエですが、その裏腹としては国内市場を独占的に支配したほうが楽になるからです。たとえばメガバンクが合併して支店数を減らすということは、消費者の利便性を犠牲にすることで、企業の収益構造を高めている。

市町村合併と企業合併とでは全く性格が違います。しかし企業合併を見慣れている国政の政治家たちは、市町村も合併すれば利益率が高まると錯覚したのに違いない。市町村はユニバーサルサービスですから、合併しても市民の数や面積の総和は全く変わらない。顧客を選択したり切り捨てたりすることができないのです。少なくとも合併によってサービスの総量が変化することはない。

もし市町村合併によって経済的な効率性が生み出せるとしたら、複数いた市町村長が一人で済むとか、議会議員の数を減らすことができるといったことです。管理部門も効率化することができるかもしれない。しかし自治体の行政サービスの大半は労働集約型ですので、こうして生み出せる財政効果はスズメの涙程度のものです。

逆に規模を拡大してしまったがゆえに組織管理や事業の非効率性が見逃されるということはありえる話です。一般的には議員の報酬も高くなるし職員の給与も高くなる。さらに重要なことは自治体のミッションそのものが失われることです。たとえば地域社会や市民生活を見守る目が希薄化することによって、地域や暮らしの崩壊が広がり、さらに大きな投資をしなければならなくなるかもしれない。早期発見ができればそれほどコストがかからないのに、重篤化することでますます財政負担が増えるということです。

このことが典型的に現れたのが東日本大震災です。合併して大規模化した市町村では周縁部の旧町村地域が津波被災によって孤立し、救援が遅れた。合併後の役場は中心地の災害対応に追われ、周縁部までは目が行き届かなかったからです。対応は支所任せにされましたが、支所はかつての職員数に遠く及ばず、集中化されて資材や権限もなくなっていた。このことは復興過程にも影響しています。計画づくりすら遅れ、土地は放置され、住民は他の地域へ移り住むしかなくなっている。特に石巻市の事例がよく知られています。

平成の大合併について言えば、合併の動因が国政の政治家であることに疑いはありません。当時の与党である自民党はもちろんのこと、有力な野党であった民主党も与党以上に合併を主張していた。当初は日和見を決め込んでいた自治省（後の総務省）も国政の政治家の圧力に屈して二〇〇〇年から合併促進に傾いていきます。それでも市町村の多くは動かなかったのですが、二〇〇五年をピークに合併になだれ込んだ。

## †合併検証のトリック

もう少し最近の合併検証を見ていきましょう。昭和の大合併の際には全国のほとんどすべての都道府県庁が「合併の記録」という刊行物を出している。中には全三巻といった膨大な量のものもあります。内容も地方史や行政史といった自治体刊行物に準拠しているものが多く、地域内での意見のやりとりまで収録されているものが少なくない。

ところが平成の大合併について、同じような形で「合併の記録」を出しているところはあまりありません。出している県庁でも、内容は年表的なものにすぎず、合併協定や新市建設計画などの資料も不十分です。このことだけを見ても、多くの県庁が合併の「成果」に自信を持っていないことが想像できる。

県庁として合併効果の検証をしているところは愛媛県や長崎県などいくつかの事例があります。それらの報告書には、合併して「専門的・高度な能力を有する職員の育成、確保ができた」と書いてある。その証拠として一自治体当たりの専門職員数が増加したというグラフが掲載されている。それを見てびっくりしました。

図2－3で、「合併前」と「合併後」とされているのが、その報告書に出ていたものです。確かにこれだけを見るとどの職種の職員数も四倍から五倍に増えている。ものすごい伸びです。しかし分数を習いたての小学生でもわかるように、同じ分子でも分母が小さくなると計算結果は大きくなる。合併して分母である自治体数が減少したのですから、同じ分子であっても増えるのは当たり前です。

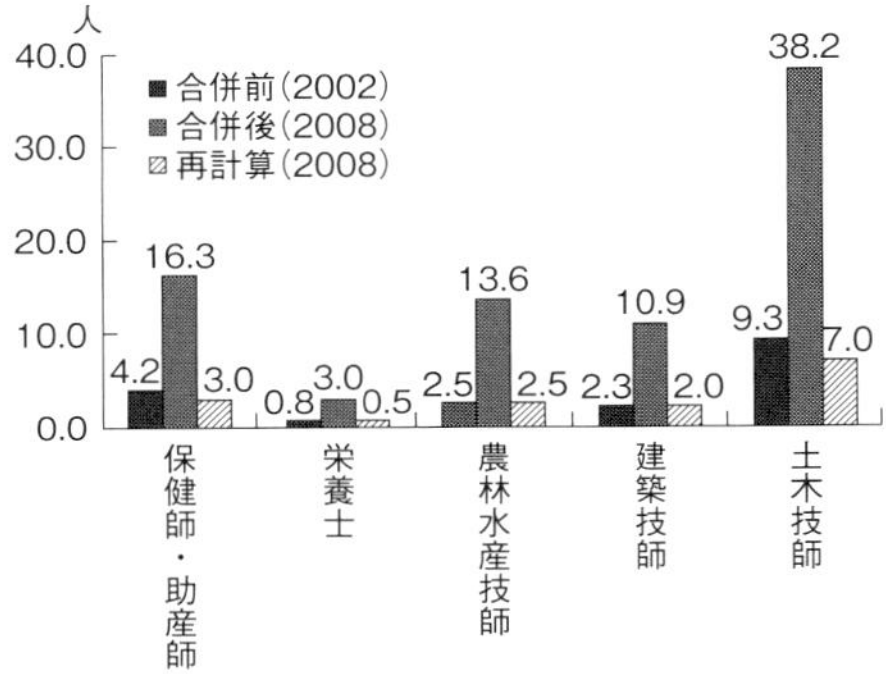

図 2-3　部門別平均専門職員数の比較〔長崎県〕
〔出所〕長崎県合併効果等研究会『「長崎県合併効果等研究会」報告書』(2010 年 2 月)、長崎県合併市町財政対策研究会『長崎県合併市町財政対策研究会報告書』(2013 年 5 月) に基づいて筆者作成

そこで私が同じ分母だとするとどうなっているかを再計算したのがグラフで「再計算」となっているものです。ほとんどすべての職種で減少している。つまり分子である職員数も減っていたのです。小学生でも見抜けるトリックを使って、合併したら専門職員数が増

えましたという手品をやってみせているのです。これをそのままホームページに掲載しているところが、ある意味、県庁らしくて正直なところですが、中身はとても看過できるものではない。

別の県の合併検証報告書にも似たようなことが出ていた。それはA市、B町、C村が合併したとして、それまでA市にしか専門職がいなかったが合併によってB町、C村の人も専門職の指導を受けられるようになったということです。これは先ほどのグラフよりはまだましで効果らしきものが出ている。

しかしこれも冷静になって考えればわかるように、これまでA市の住民を見ていた職員がB町やC村の住民もケアしなければならないということになります。単純に考えると範囲が広くなるので、サービスは薄くなる。たとえば訪問回数が減るかもしれない。まして町や村が入れば面積は格段に広がり移動時間も長くなりますから、職員もたいへんになります。合併によって職員数を増やさない限り、このような場合でも行政サービスは低下することになる。

## †自治体を使いこなす

自治体の歴史をたどりながら自治体の原点を探ってきました。自治体が本来持っていた意義や価値が見失われてきたような気がします。しかし、だからと言って過去の封建的な地域社会がすべてよかったわけではない。生産力の向上とともに近代化することは、ある意味では必然的な流れだったという側面もある。ただし自治体が経済社会の近代化に翻弄されてきたということは事実で、それは自治体の立ち位置が定まっていなかったということかもしれない。

今の私たちができることは、自治体の原点をもう一度確かめながら、現代社会の中で自治体を再建していく取り組みです。何度も国策としての合併に痛めつけられながら、そのたびに自治体は自治を取り戻す動きをしてきた。それは結局のところ、私たちは一人では生きていけないからです。地域社会のあり方は変わってこざるを得ませんが、支え合って生きていかなければならない限り、広い意味での地域社会は必ず必要になってくるし、その結節点としての制度は自治体にしかない。だから私たちは自治体を使いこなすことが必要なのです。

第3講

# 公共政策と行政改革

## 1　自治体の公共政策

### †政策・公共政策・政府政策

ここでは本来自治体の政治・行政は何をどこまでやるのか、ということを考えます。一言で言うと自治体の公共政策についてです。これがはっきりすると、行政改革の基準ができる。どのようにして仕事に取り組むかという流れが確立し、余分な仕事を削ることができる。さらに、自治体の仕事として残ることでも、それを公務員がやるべきか、公務員でなくてもやれるのかということもわかる。だから行政改革になるということです。

第1講の市民について考えたところで、私たちの生活は政策・制度のネットワークの中にあるということを説明しました。政策というのは将来を予測して用意する問題の解決方法です。目前で起きてしまった事故を処理するのは事故対応で政策とは呼べない。事故が起きるのを予測してあらかじめ立てておく対策が政策です。

政策というのは将来を予測することから始まりますので結果的に間違えることはある。だから政治・行政は常に間違える可能性を秘めている。完全に「正しい政策」は存在しないということになりますし、自動的に選択される政策はないということです。ときどき「これは世の中の流れだ」とか「避けて通れない」という説明が政策の理由としてあげられますがそんなことはない。将来を完全に予測できない以上、選択肢のない政策はない。

政策という言葉を英語にするとポリシー（policy）になる。よく「わが社のポリシーは」と言われるように、ポリシーという言葉自体は政治・行政と直接関係のないところでも使われます。政策の中でも社会問題の解決に関わる政策を公共政策と呼び、公共政策の中でも国や自治体などの政府が担うものを政府政策と言います（図3－1）。

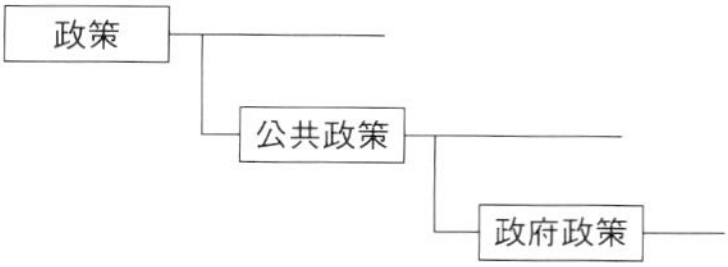

図3-1　公共政策の概念

逆に言うと、公共政策の中でも政府が担っていないものもある。たとえば、現在では大きな企業には必ずと言っていいほど、社会貢献部門があります。その活動はさまざまですが、これは政府が指示したものではないし、政府がコントロールしているものでもない。社会問題の解決を考えているのは政府だけではありません。ＮＰＯ、ＮＧＯと呼ばれる活動もそうです。

政府政策もいくつかに分かれる。担い手としては、市町村、都道府県、国という三つが大所ですが、グローバル化した社会では、国際機構も大きな役割を果たしている。紛争や貿易、保健といった分野では国際機構

| | |
|---|---|
| 総合政策部 | 秘書広報課、企画政策課など |
| 総務部 | 総務課、人材育成課など |
| 財政部 | 市民税課、資産税課など |
| 市民生活部 | コミュニティ課、防災危機管理課など |
| 健康福祉部 | 社会福祉課、健康増進課など |
| 子ども家庭部 | 子ども家庭課、保育課など |
| 経済振興部 | 商工振興課、農業振興課など |
| 環境部 | 環境政策・放射能対策課、クリーンセンターなど |
| 都市計画部 | 都市計画課、建築住宅課など |
| 都市整備部 | まちづくり推進課、みどりの課など |
| 土木部 | 道路管理課、河川課など |
| 会計管理者 | 会計課 |
| 上下水道部 | 水道工務課、下水道建設課など |
| 議会事務局 | |
| 選挙管理委員会事務局 | |
| 監査委員会事務局 | |
| 農業委員会事務局 | |
| 学校教育部 | 学校教育課、指導課など |
| 生涯学習部 | スポーツ振興課、図書館など |
| 消防本部 | 消防防災課、中央消防署など |

図 3-2　市役所組織の例

なしには対応ができない。図2－2の分節化の構図を思い出してください。公共政策の担い手も多元化と重層化をしています。この本では主として市町村や都道府県の政府政策を対象にしていますが、決してそれだけが公共政策の担い手ではないということはいつも気にしていてください。

そこで事例として考えるのは市町村の政府政策とは何かということです。実際に市町村が何をやっているのか、身の回りを見てみましょう。目立つのはまず小学校や中学校です。大都市では私立の小中学校に進学する子どもが増えていますが、まだまだ小中学校は公立、すなわち市町村立のものが多い。水道もほとんどが市町村です。ごみの収集も市町村か、いくつかの市町村で構成される一部事務組合という組織が担っている。道路も市町村道が多い。こんなふうに挙げていくとキリがないので、市役所の組織図を見てみましょう（図3－2）。

これは千葉県のある市役所の組織図です。部だけでもたくさんある。まして課はたくさんありすぎて全部ここには書けない。地域社会や市民生活の大部分を所管していると言っても過言ではない。ないものを探すのが難しいくらいです。補完性の原理の話を思い出してください。地域社会や市民生活の問題についてまずは市町村が受け止めるということでした。市町村ができないものは都道府県がやる。都道府県ができないものは国がやる、ということですね。それだけ市町村に大きな役割が課せられているということです。

## †総合行政主体の意味変換

近年、強調されていることに「総合行政主体」という言葉があります。市町村は地域社会や市民生活全般の行政を担うという意味で使われることが多くなりました。この言葉には注意したほうがいい。というのは、以前からこの言葉は使われてきたのですが、意味が少しずつ変化してきた。自治体に対して「総合行政」という言葉が使われ始めたのはおそらく一九六〇年代の末頃からです。現在はなくなりましたが、地方自治法の一九六九年改正のときに次のような条文が加わった。

第二条

4　市町村は、その事務を処理するに当たつては、議会の議決を経てその地域における総合的かつ計画的な行政の運営を図るための基本構想を定め、これに即して行なうようにしなければならない。

ここにある「総合的かつ計画的な行政」という意味は、行政というのはいろいろな分野に分かれているけれど、それを受け止める市民は一人なので、自治体はその市民の実態に合うようにさまざまな施策を統合して計画的に行政を進めましょう、ということです。確かにその通りですね。現在のように、市民生活や地域行政全般を市町村が引き受けましょうという意味ではない。

二〇〇〇年分権改革と呼ばれる一九九九年の改正では、次のような条文が設けられた。

第一条の二　地方公共団体は、住民の福祉の増進を図ることを基本として、地域における行政を自主的かつ総合的に実施する役割を広く担うものとする。

ここにも総合という言葉が出てきます。この場合の「自主的かつ総合的に実施」というのは、自治体の行政について、それを企画立案するところから始め、実施をして、その結果を評価して改善するという政策過程全般をぐるりと一周、担うという意味です。一つのサイクルを回しましょうということですね。この裏には、決して国から、あるいは県庁からあれやれ、これやれと言われたからやるのではなくて、地域社会や市民生活の実態から自治体の政治・行政を回していきましょう、という期待が込められている。

以上のように、総合行政主体という言葉にはこれまで二つの意味があった。自治事務次官を務めた松本英昭さんによる逐条解説によれば、一つは「関連する行政の間の調和と調整を確保する」という意味と、もう一つは「特定の行政における企画・立案、選択、調整、管理・執行などを一貫して行う」という意味です。

ところが近年強調されていることはこれらとも意味が違う。市町村が地域社会や市民生活全般の課題を受け止めなくてはならないということになっている。これを第三の意味とすれば、フルセット型の行政ということです。いつ、誰が、なぜこのようなことを言い始めたのか。それははっきりしている。二〇〇〇年代に入る頃から自治省やその後継の総務省の人たちが言いだした。

なぜか。それは平成の大合併を進めるためです。市町村は地域社会や市民生活全般に責任を負わなくてはならないのだから、そんなに規模が小さくてもいいの？　というわけです。市町村もそう言われると自信がなくなる。しかしよく考えてください。もし地域社会や市民生活全般の責任を負うとしたら、市町村は限りなく大きくなるしかない。大きくなって国と一体化するしかなくなる。自治体の自殺行為です。

補完性の原理とか市町村優先の原則というのは、決してこういうことを言っていたわけではない。むしろ逆です。市町村、都道府県、国といういくつかの層に分かれて行政を分担して、その総合力で地域社会や市民生活を守っていきましょうということでした。確かに、市民はまず市町村の窓口に来ますし、市町村でできる限りのことはします。でも市町村によってはできないこともあるので、その場合に市民や市町村は都道府県にやってもらう。都道府県はそう言われたらやらなくてはならない。さらに都道府県でできないことがあれば国でやらなくてはならないという考え方です。

国が市町村こそ総合行政主体であると強調し、その意味を少しずつ変換してきたのはどうしてでしょう。そのほうが国にとって都合がよいからです。一見すると市町村がフルセット型の行政を展開してしまうと国の権限が弱くなるような気がする。しかし実態は違う。国が市町村に関与しやすくなるのです。なぜならその根本の制度や財政を国が決めて配分しているからです。市町村行政がフルセット化すると国が市町村を統制しやすくなるのはそのためです。

もちろん、正確に言うと単に国と一言では括れなくて、総務省という自治制度官庁と国土交通省、経済産業省、厚生労働省などの個別の行政分野を担う官庁、あるいは財務省とでは利害が相反することもありますが、大まかに言えばそれほど間違ってはいない。

## †どこまでやるのか

話を元に戻すと、自治体の政策領域はどこからどこまでなのか。松下圭一さんによれば公共政策には三つの基準があります。

①個人の解決能力を超える「問題領域」
②資源の集中効果を発揮できる「解決手法」
③ミニマムの政策・制度保障として「市民合意」

①は、個人で解決できる問題であれば公共政策の問題にはならないということです。個人では解決できないから社会的に解決しようということになる。②は社会的に解決するために、お金や人手など、解決する手段を集めて効果的に配分するということです。たとえば税金という形でお金を集め、問題解決に必要なところに投入することで社会全体に利益

が及ぶ。③はどこに問題があり、どうやって解決するかということを、誰か一人の優秀な人が勝手に決めるのではなくて、社会の構成員の合意を前提にするということです。なぜならそもそも問題は個人の解決能力を超えているし、さらに解決のためにみんなが資源を少しずつ拠出しなければならない。だからこそ公共政策は必要にして最小限の保障になる。

①と②はわかりやすいですが、③は少しわかりにくいかもしれない。集中的に資源を投入される立場になると、ミニマム（最小限）ではなくて、むしろマキシマム（最大限）の支援をしてほしいという気持ちになる。だがそうなると歯止めがなくなるので、公共政策は量的質的に爆発的に伸びていってしまう。あっちでもこっちでももっと必要、ということになるからです。

ミニマムでもなく、マキシマムでもなく、オプティマム（最適条件）がよいのではないかという人もいますが、これは言葉の遊びにすぎず、実際の場面を想定すればすぐにわかるように、オプティマムということはミニマムにほかなりません。必要な限りで最小限の公共政策という枠組みがなければ、そもそも公共政策には持続可能性がない。現在はそのタガが外れているので、成長神話に惑わされつつ、経済対策と称して借金を重ね、ありったけの公金をばらまいている。

自治体の公共政策も理念としては①②③と同じです。ところが①②③だけで政策対象領域が決まるわけではない。むしろ逆に市民合意さえあれば、政策対象領域には制約がない。地域社会や市民生活の現実を考えてみましょう。たとえば高齢者の一人暮らしが増えています。当面の生活費は持っていても日常的な買い物に出かけられないという人がいます。近所にお店がなくなってしまったからです。

少し前までなら、これは自治体の政策対象領域ではなかった。子どもたちがときには親を見に来いよとか、隣近所の助け合いでなんとかしろよ、という話になる。ネットスーパーで注文したらという声もあるかもしれませんし、それができる能力や地域であればもちろんそれでかまわない。だが現実としてこれらの方法が取れないとしたら、行政以外に手助けできる機能はない。ここにこそ行政の存在価値がある。

つまり自治体の政策対象領域はどんどん変化する。必要にして最小限という枠組み自体も変わる。たとえばスマホが普及して生活を維持していくために不可欠となれば、決してスマホは贅沢品ではない。必要にして最小限の生活手段になる。あらかじめ、ここからここまでが自治体の政策対象領域だと決めることはできません。唯一、その枠組みを正統化できるのは市民合意以外にないのです。自治体の構成員である市民がこのあたりまでは必要だと納得すればどんなことでも自治体の政策対象領域になる。ただし必要にして最低限の範囲内です。

しかし、自治体ならではの特別な事情も存在する。それは国―自治体関係が影響するということです。自治体は国ではありませんから常にオープンな状態にあります。人の出入りやお金の出入りが管理されているわけではない。国境線や為替の管理がないということです。

だから自治体自身も公共政策の対象になる可能性がある。国の中で自治体間に差ができるからです。差ができること自体はやむを得ないし、場合によっては差があったほうがよいこともある。ただし、それが個々の自治体の能力では解決できない社会的な課題になれば、公共政策の対象として必要にして最小限の資源再配分も必要になります。それが自治体財政制度です。

## 2 自治体財政の基礎

### †地方財政計画

現在の自治体のあり方を規定している大きな要因の一つが自治体財政制度です。自治体財政についての解説書や教科書はたくさんありますので、ここでは大まかな基本についてだけ説明します。しかしそれでもなかなか理解するのが難しい。というのは、制度のタテマエと実態とがずれていることが少なくないからです。悪意を持って言うと自治体財政制度というのは一種のフィクションでできている。ただそのフィクションが悪いこととかと言うと必ずしもそうではない。利害関係者が多いので、ある種のフィクションでお互いを納得させないと動かないという側面もある。

最大のフィクションが地方財政計画です。地方財政計画というのは翌年度の一年間に日本の自治体がどれだけの仕事をするかを想定して、それに必要な収入を見積もるものです。単純に考えると日本の自治体の総予算になるのですが、あくまでも見積もりなので、実際に日本の自治体の予算を寄せ集めてもこの数字にはならない。

地方財政計画は毎年度の予算編成の前提として総務省が策定し、前年度の二月頃に公表される。この地方財政計画を国の予算との関係で図示したものが図3－3です。まずこれを理解するところから始まる。

大きな縦の長方形が六本、並んでいます。左からA1、A2、B1、B2、C1、C2と名づけておく。その他にいくつか小さな長方形がありますが、とりあえず無視します。A1とA2は国の予算の歳入と歳出です。B1とB2は交付税特別会計（交付税及び譲与税配付金特別会計）の歳入と歳出、C1とC2は地方財政計画の歳入と歳出になる。

まずＣ１を見てみましょう。これは日本のすべての自治体の歳入を見積もったものです。地方税等の収入は全体の四五％くらいですね。よく私たちの町の仕事は税収で賄われていますと言われますが、全体の割合としてはこのくらいです。個別の市町村や都道府県になると、もっと多いところやもっと少ないところがさまざまにある。次に大きな比重を占めているのは地方交付税です。地方交付税については後で触れます。地方債と呼ばれる借金は一〇％です。意外に少ないと思いませんか。Ａ１の国の予算を見ると、公債金が三六％ですから、国よりははるかに借金の割合が少ない。

Ｃ２も見ておきます。これは自治体が仕事をするに当たって新年度にどれくらいのお金

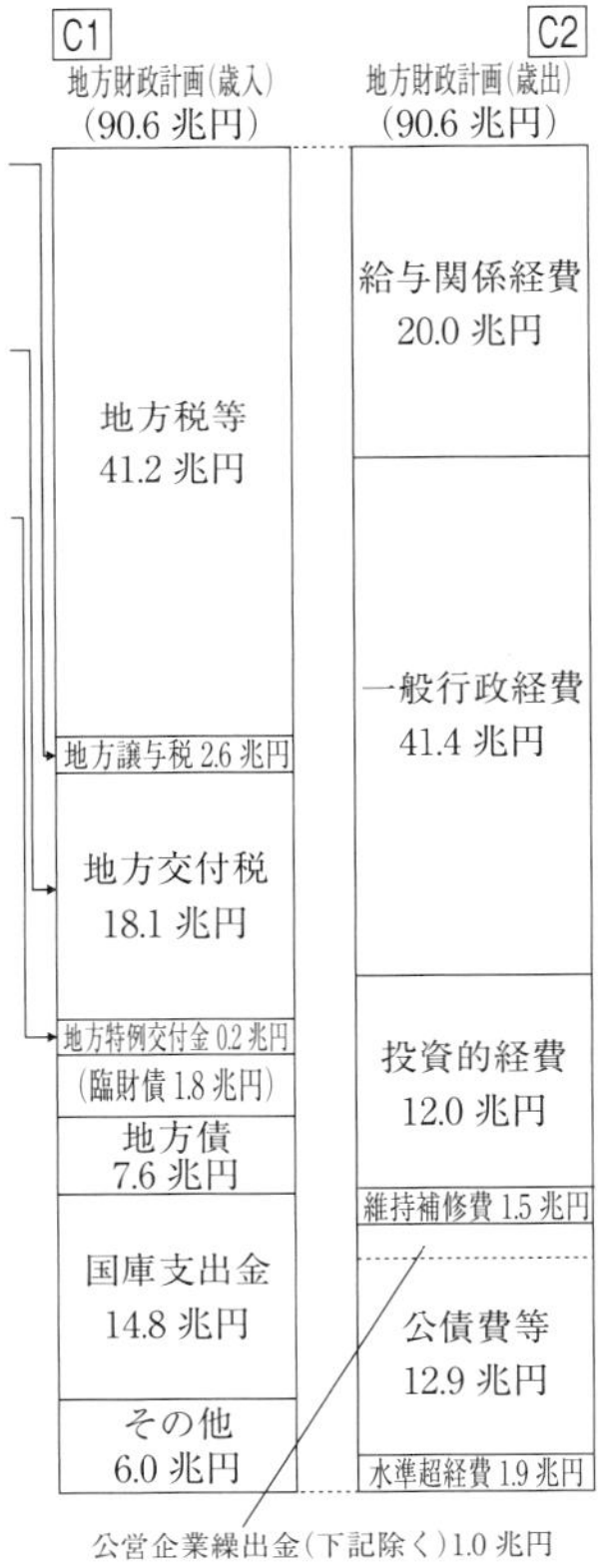

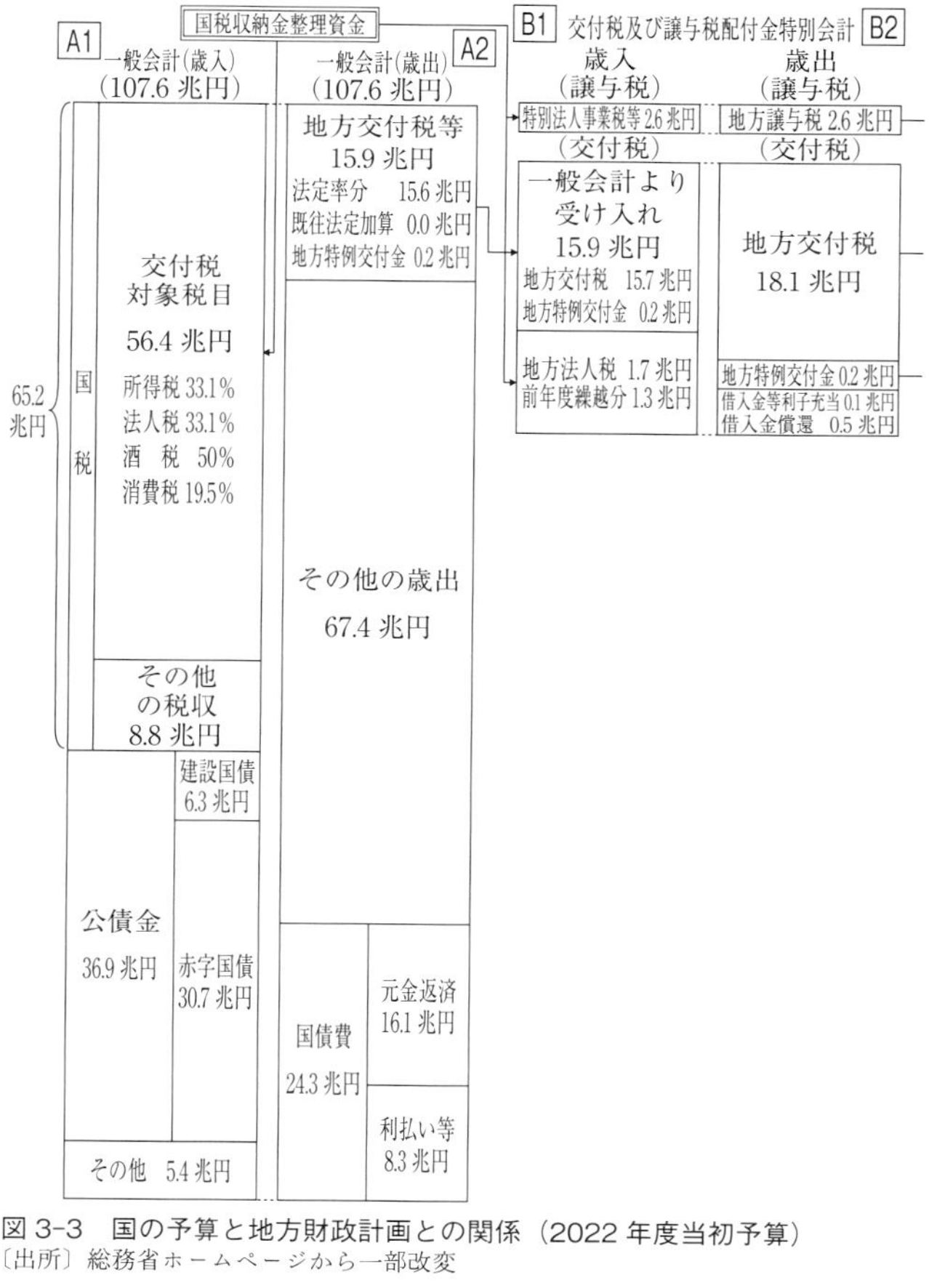


図 3-3　国の予算と地方財政計画との関係（2022 年度当初予算）
〔出所〕総務省ホームページから一部改変

が必要かを積み上げたものです。この中には毎年必ず必要な固定的な経費もありますし、新年度にはこんなことをしてもらいたいという国の各府省が想定している新規事業の予算もある。公債費等とあるのは、これまでに発行してきた地方債の元金返済や利払い等の経費です。全体の一四%を占めている。新たに借りるほうが八%でしたから、今はかつての借金に伴う費用支払いのほうが多いので、財政全体としてはいい方向に向かっている。一方、国はA1の公債金とA2の国債費を比べればわかる通り、まだ新たに借りる借金のほうがはるかに多い。

## †地方財政対策という調整

この図を使って、地方財政計画と国の予算との関係を見ていきます。出発点はC2です。C2が決まるとそれに合わせた収入が必要になるので、C1の総額はC2の総額と同じになる。C1では新年度に入ってくるだろう地方税収や国からの補助金などが計算される。しかし収入の積み上げ額と支出の総額であるC2とが一致することは、よほどの偶然でなければありえません。C2は必要な仕事の積み上げですし、C1は入ってくるお金の積み上げなので一致しないのは当然です。

これがたとえば商品を売るのであれば、商品を生産するのに必要な経費とそれを売って得られる収入とでは、ある程度の相関関係があります。もちろん研究開発費とか固定費などを考えなくてはならないでしょうが、一般的には売れれば売れるほど支出も収入も上がるはずです。しかし財政という政府の予算ではそうはなりません。支出は支出で積算し、収入は収入で積算する。もちろんお互いに意識をして調整をするのですが、直接的にリンクすることはほとんどない。

そこでC2に合わせてC1を操作する必要がある。それが地方財政対策と呼ばれるものです。たいていの場合、C1はC2に対して不足しますので、その分をどうやって調達するかということになる。これが地方財政計画を作るときの腕の見せ所になる。

ここで一旦A1のほうに目を移します。A1は国の予算の歳入です。国税のうちの一部が地方交付税になる。歴史的に移り変わってきていますが、今は所得税、法人税、酒税、消費税の一定割合が地方交付税となって自治体の財源になる。それがA2の箱に移ってそのまま交付税特別会計のB1の歳入として入る。この他に二〇一六年度から地方法人税というのが新設されたので、それが別ルートからB1に入ります。地方交付税には「税」という言葉がついていますが、市民から徴収される税金ではない。自治体の財源としてあらかじめ国税の中にインプットされているものです。地方交付税についてはまた後で触れます。

さてここからが問題です。先ほどC2と比べてC1が不足すると書きました。一方、A1からA2、さらにB1に入ってくる収入があります。これがそのままB2を経てC1に入ると不足してしまいます。だからいろいろな手を尽くしてC1に入るまでに収入を増やさなければならない。たとえばC1の箱の中に「臨財債」という項目がある。これは臨時財政対策債という地方債で、本来であれば地方交付税としてC1に入るべきお金なのですが、地方交付税が不足しているので、特別に自治体が地方債を発行する、つまり自治体が借金をすることを認めるものです。

こんなふうにして、A1からA2に移るとき、A2からB1に移るとき、B1からB2に移るとき、B2からC1に移るとき、それぞれに少しずつ調整をしている。こうしてC1とC2が一致するように工夫しているのが地方財政計画とそれに伴う地方財政対策です。一見するとスマートに六本の長方形が並んでいるのですが、それはこれらの工夫が随所に加味されてそうなっているのです。

繰り返しますが、地方財政計画はあくまでも見積もりであって実態が伴うものではない。だからフィクションだと言ったのですが、現在の制度では地方財政計画を前提にして自治体財政の枠組みが決められていて、これに替わる考え方はまだない。財務省も各中央府省も、もちろん各自治体や総務省も地方財政計画というフィクションをお互いの共通理解とすることで自治体財政制度が成り立っているとも言えます。

もうひとつ、この図からはわからないことを書いておきます。図3-3は総務省のホームページに出ている図をもとに書いたものですが、B1とB2の交付税特別会計はこれがすべてではない。この会計の規模はだいたい歳入歳出ともに五三兆円前後です。ところが図3-3では二〇兆円程度しか示されていない。その差額の約三〇兆円余りは何かというと、歳入では財政融資資金や民間から借り入れるお金と、歳出ではその利子や償還金です。つまり本来目的の会計規模以上に借金やその返済などがある。これは歴代の地方財政対策のツケです。毎年度の不足額について根本的な対策を取らず、借金をすることで先送りしてきた結果の積み重ねとも言えます。しかしこうした借金の存在を資料から省いてしまうというのはどうでしょうか。総務省の資料を引用するときには注意するべきポイントです。

## †地方交付税

次に地方交付税とは何かということを考えます。先ほどの図3-3ではC1の中に地方交付税の箱があります。地方交付税はA1の長方形から流れてくる通り、国に納められた税金の一定割合が大部分を占める。この地方交付税は一定の算定式のもとで都道府県や市町村の自治体に交付されます。

地方交付税のことを親が子どもに渡す小遣いのようなものだと説明しているのをよく見かけますが、これは誤解を招く。小遣いのように親の一存であげたりあげなかったり、あるいは多くしたり少なくしたりすることはできない。もともと地方交付税の原資である国税の一部は自治体固有の財源だと考えられている。一旦、国の財布には入りますが、それが自治体に戻ってくるのです。

なぜこんな制度があるのか。地方交付税の役割は「財源保障」と「財政調整」だと言われます。自治体にはやらなくてはならないことが法律などでたくさん決められています。たとえば介護保険制度や国民健康保険制度を運用する、あるいは生活保護制度を実施することなどです。小学校や中学校の義務教育などもそうです。もし収入が足りなくてそれができないということがあれば、たまたま財政状態の悪い自治体に生まれ育つと小学校に行けないなどという子どもが出てきてしまう。それはおかしいですね。国として国内のどこにいても義務教育を受けられるようにするのは当然です。そこで自治体がやるべきことができるように、財源を保障するという意味が第一です。

第二はこのことを通じて全国の自治体間の財政を調整することです。自治体間の財政調整と言っても、一部の例外を除いてあちらの自治体からこちらの自治体にお金を移すということではない。あくまでも国の財布に入ったお金を使って、財政のデコボコをならすということです。だから正確には国と自治体との間の財政調整になる。

図3－4を見てください。税金は国税が約六割、地方税が約四割の比率です。しかし歳出は国が四四％、自治体が五六％という比率になっている。つまり税金が入る割合は国のほうが高いのに、歳出の割合は自治体のほうが高い。お金の割合が仕事の割合だとすると、自治体のほうが国よりも仕事をしているのに、収入の割合が小さいということになる。これは先ほどの図3－3にあったように、国から自治体にお金が流れているからです。これを財政移転と言います。国と自治体との間で仕事量に応じて財政を調整しています。

　ついでにこの図3－4のもう一つの注目すべきポイントを説明しておきます。租税の総額が一〇四・九兆円であるのに対して、歳出総額が二二二・五兆円という巨額になっていることです。

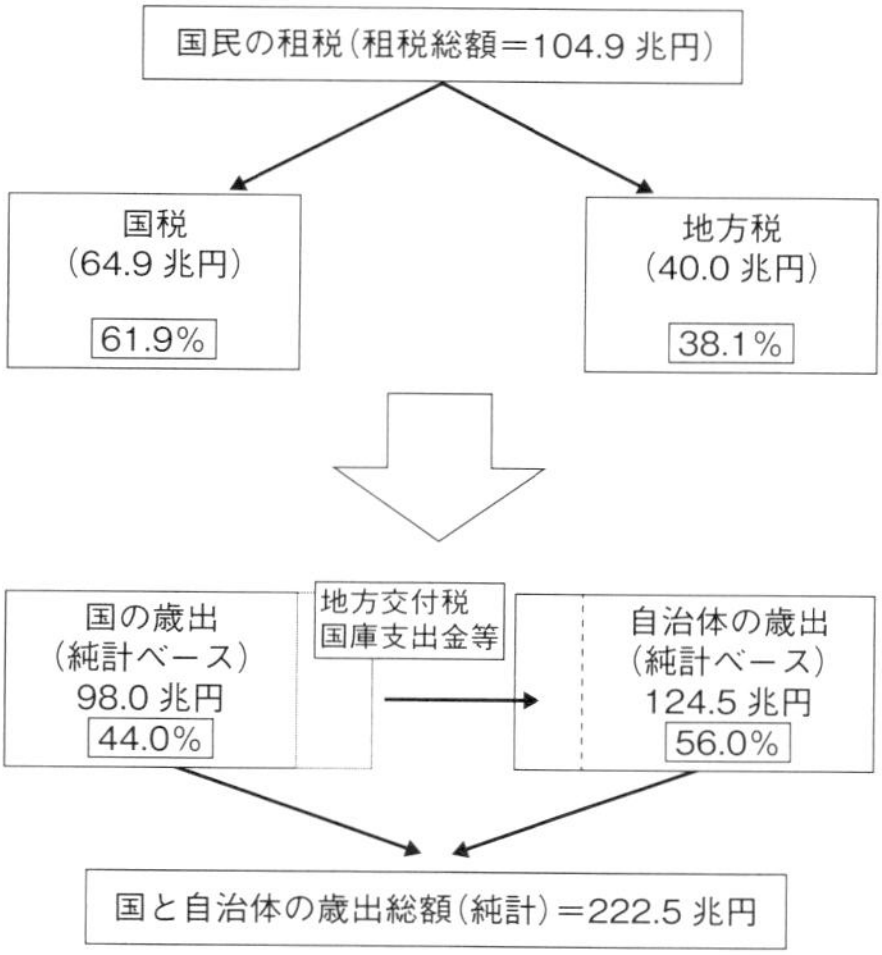

図 3-4　国・自治体の税源配分（2020 年度決算）
〔出所〕総務省ホームページを一部改変

これも前の図3－3を見ればわかりますが、租税に匹敵するほどの借金をしているということを示している。

もし親が子どもにあげる小遣いのようなものとして、たとえば子どもがいたずらをしたからお仕置きで少し小遣いを減らすのと同じような気持ちで地方交付税が減らされると、直ちにその市民の生活に影響が出てきてしまいます。極端な話をすれば、同じ国内にいながら同じレベルの教育が受けられない可能性だってある。都道府県や市町村が国としての基本的な行政を担っている以上、地方交付税のような財政調整制度は不可欠で、しかも価値中立的でなくてはならない。仮にお仕置きやご褒美をと思ったとしても、それをここでやってはいけない。お金の性質が違うのです。

知り得る限り、欧米の各国でもこのような国と自治体との間の財政調整制度はあります。自治体が国の構成要素であり、なおかつ地域ごとに産業構造や経済状態が異なる限り、こういう制度は絶対に必要になる。もし地方交付税のような制度がなければ、国民国家としての体裁を成していないと言っても過言ではない。

ただし、問題はその規模です。ここは論議の的になる。どの程度の財源保障とどのような方法での財政調整が必要かについては、常に問題になる。財務省、総務省、自治体の立場は異なります。自治体の中でも都道府県と市町村とでは違うし、市町村でも財政的に豊かな自治体とそうではない自治体とは違う。現在、これらの多様な立場を大枠のところで取りまとめているのが先ほどの地方財政計画ということになります。

### †地方交付税の配分

これまでは自治体全体の財政について国との関係から説明してきましたが、ここからは個別の自治体の財政に注目します。自治体の歳出を目的別に見ると、民生費が一番多く使われていて、次に教育費、公債費と続きます。民生費というのは主として社会福祉に使われるもので、自治体全体の歳出の四分の一を占めます。教育費というのは学校教育や社会教育に使われている。公債費というのは過去に借りた地方債などの元金返済や利払いなどの支出です。イメージとして道路整備などの土木費がもっと多いような気がしますが、今は民生費の半分くらいです。

これに対して収入の柱はなんと言っても地方税です。身の回りにもいろいろな税金がありますが、市町村民税や固定資産税は市町村に納めている税金です。都道府県には都道府県民税を払いますが、普通は市町村民税といっしょになっていて、しかも給与生活者の場合、給料から天引きされている（特別徴収）ので、あまり自覚的ではないかもしれない。自動車を持っている人は五月頃に自動車税の請求が来ますが、あれは都道府県税です。ただ軽自動車やオートバイだと市町村税になる。

地方税の次に大きな割合を占めているのは地方交付税です。地方交付税の総額がどのように決まるのかについてはこれまで説明してきました。それでは個別の自治体の地方交付税の金額はどのように決まるのか。地方交付税は普通交付税と特別交付税に分かれる。普通交付税は地方交付税総額の九四％で、特別交付税は六％となっている。特別交付税というのは、たとえば予期しない災害に襲われて臨時的にお金が必要なときなど、個別の政策課題に対して必要な自治体に交付されます。特別交付税の配分にもダーティな噂や実態がありますが、ここでは割愛します。

これに対して普通交付税は、「基準財政需要額－基準財政収入額」という計算式で求められる。基準財政需要額というのは、「単位費用（法定）×測定単位（国勢調査人口等）×補正係数（寒冷補正等）」で計算されます。と言っても専門用語ばかりなのでわかりにくいですね。基準財政需要額というのは、人口や面積、あるいは道路延長はどれくらいあるなど個別の事情を積み上げて（測定単位）、これにそれぞれの測定単位ごとに決められた単価（単位費用）を掛け合わせて計算します。最後に、地域ごとの特性に配慮します（補正係数）。つまりこの程度の自治体ではこのくらいの経費がかかりますね、という架空の計算をする。この基準財政需要額というのは現実の自治体の予算とは関係ありません。あくまでも普通交付税を算出するために計算しているだけです。

基準財政収入額も同じように、まずはこれくらいの自治体であればこれだけの税収が上がるのが普通だね、という計算をします（標準的税収入見込額）。これに想定されるその他の収入を加味する。基準財政需要額と違うのは、標準的税収入見込額として出てきた数値に七五％を掛けることです。たとえば標準的税収入見込額が一〇〇億円だとすると、その七五％の七五億円になる。その他の収入を一〇億円とし、基準財政需要額が一二〇億円だとすると、一二〇－（七五＋一〇）ですから、三五億円が地方交付税として交付される。

なんかおかしいなあと感じましたか。するとこの自治体は収入が一〇〇＋三五で一三五億円あり、それに対して需要は一二〇億円となる。一五億円の儲けではないかと。その通りです。この一五億円を留保財源と呼びます。それぞれの自治体はこの留保財源を使って、地域事情に応じた標準的ではない政策を実施することができる。もしこの留保財源がないと、仮に努力をして税収を上げても、その分だけ地方交付税がまるごと減ってしまうので、自治体は努力をしなくなってしまうのではないかと思われているようです。

ところがこれまで説明してきたのはあくまでも計算上の話です。地方交付税の交付額を決めるための計算式にすぎない。たとえばこうして計算して交付される地方交付税が三五億円だとすると、実際の予算はそれを含めて一〇〇億円の予算にしようが、二〇〇億円の予算にしようが、自治体の判断で決定できる。基準財政需要額で計算される経費よりも安くあげれば、想定よりも小さな予算で間に合うし、逆に標準よりも多様な住民サービスをして、想定よりも大きな予算を作ることもできる。

## †不交付団体は損?

このように個別の自治体ごとに計算をしてみると、基準財政需要額より基準財政収入額のほうが大きいところも出てくる。このような自治体には地方交付税が交付されず、不交付団体と呼ばれます。二〇二二年度では東京都と六六市町村が不交付団体です。自治体全体の四%にも満たないくらいでしょうか。

不交付団体になるのは規模に比べて収入が多い自治体です。本来であれば喜ばしいことですが、不交付団体になると地方交付税が来なくなるので損をしたみたいな空気になったりする。また、地方交付税は国と自治体との財政調整という形を取っていますが、本来は自治体間での財政調整という意味もあることから、不交付団体が少ないのは問題だと指摘する声もある。つまり地方交付税を配りすぎなのではないかということです。

こういう声が市町村合併の推進力になった可能性もあります。確かに小規模自治体の財政は地方交付税なしには成り立たない。それは小規模であろうと、そこに暮らす人たちには国が決めている行政需要を満たさなくてはならないからです。ところが、よく考えれば明らかなのですが、小規模自治体の地方交付税総額の割合は小さい。人口一万人以下の市町村の地方交付税をすべて足し上げても地方交付税総額の約五％です。

つまり一つひとつの小規模自治体にとっては地方交付税の削減は死命を決するような大事なのですが、地方交付税制度全般から見ると、ほとんど効果はない。仮に一割ずつ削減しても全体の〇・五％の削減にしかならない。地方交付税全体にとっては誤差の範囲ですし、現にこれまでこの程度の変化はいくらでもあった。地方交付税総額の削減を目的に市町村合併を考えたとすれば、完全に間違いです。

## †地方交付税の秘密

こうして地方交付税制度を説明すると、地方交付税は公明正大なルールのもとに交付されていると思いがちですが、ここにも秘密はある。先ほど図3－3のところで、地方財政計画によって地方交付税の総額が決まるプロセスを説明しましたが、いま説明しているのは個々の自治体の地方交付税額が決まる過程です。現在、都道府県と市町村、東京二三区を合わせて一八〇〇弱の自治体があるので、こうして一八〇〇弱の計算の積み上げで決まる地方交付税総額と、地方財政計画で決まる地方交付税総額とが一致するはずがない。

正確に言うと、理屈の上では一致するようにできているのですが、時間的な順番から見て、別々のところから算出される金額がぴったり一致することは奇跡でしかない。地方財政計画で地方交付税の総額が決まるのは新年度に入る前ですが、個別の自治体の地方交付税額が確定するのは新年度に入ってからのことです。ところが毎年、奇跡が起こる。なぜか。それは基準財政需要額を算出する方法が微妙に調整されるからです。悪く言えば帳尻を合わせている。

毎年七月頃、地方財務協会という総務省の事務次官経験者が理事長をしている団体から地方交付税の算定方法についての分厚いマニュアル書が出る。とても普通の人には読みこなせない本ですが、こんなふうに帳尻を合わせましたという本です。毎年、帳尻に帳尻を重ねて複雑化していくので、この世の中に地方交付税の全体像を理解している人がいるのだろうかというくらいです。

算定方法がわかりにくいということは、自治体職員や市民のチェックも入りにくい。ブラックボックスになってしまう可能性がある。基本的には自治体の人口と面積、それに寒冷地補正など最小限の補正だけで地方交付税が算定されるのが望ましい。

地方交付税の算定方法が複雑になってきた要因の一つは、自治体に対する国の政策誘導として使われていることにもあります。本来、地方交付税の使い道は自治体の裁量に任されている。市民が納得すればどのように使ってもよい。ところが「歳出特別枠」と称する割合が増えている。たとえば近年では「地域の元気創造事業」とか「人口減少等特別対策事業」という項目がある。さまざまな算定式が組み合わされていますが、職員数の削減や人口増減率などが加味される。つまり職員数を減らしたり、人口を増やしたりしたらご褒美が来るということです。

学校の成績が上がったらご褒美をあげるという家庭はあるかもしれない。しかし普通は学校の成績が下がったら塾に通わせるとか、家庭教師をつけるとか、成績を上げるために経費が増えるはずです。成績が落ちて教育経費を削減したらもっと成績が落ちるかもしれない。ところがこれらの事業はそういう計算をしている。条件が悪化したらみんなで手伝わなくてはいけないのにそれを放置して、条件の良くなった地域に加算をする。

そもそもそういうことを地方交付税でやってはいけない。仮にやらなくてはならないことになったとしても、それは補助金などで対処するべきです。地方交付税というのはニュートラルなものです。人口と面積がこれくらいならこの程度の経費が必要になるというふうに計算しなくてはならない。時の政権の政策に乗じた場当たり的な対応が目立つ。こうして帳尻に帳尻を重ねるような、誰にも理解できない複雑なしくみが出来上がってきた。

## †「計画のインフレ」状態

地方交付税と同じように国から自治体に移るお金の一つに国庫支出金がある。負担金、委託費、補助金などです。負担金というのは、法律などで決められた国と自治体との経費負担区分に基づいて国が自治体に支払うものです。たとえば、義務教育の教員の給料の一部を国が負担するなどの負担金がある。委託費というのは、たとえば衆議院議員選挙の投開票など国政の仕事を自治体にやってもらうための経費で、補助金というのは特定の政策を自治体に勧めるために国がその経費の一部を補助するものです。

すでに国と自治体とでは別の人格があるという話はしました。二〇〇〇年の分権改革以降は「対等・協力の関係」と言われている。しかし一方で自治体は国家の構成要素であるとともに、日本の地方自治制度では、本来は国がやるべきことを「分権」と称して仕事だけ自治体にやらせることが少なくない。つまり国は自治体を自分たちの意向に沿って動かしたいと常に思っているのです。

国が自治体を動かす代表的な手段が「計画」と「補助金」です。しばしばこれがセットになっている。今や「計画のインフレ」状態です。もちろん計画を策定してそれに基づいて行政を執行するということ自体は大事なことです。特に地域の実情や市民の意向に合致するように計画を作り、一定の方向性や展望を持つことは市民との約束事でもある。しかし、現在、進められている「計画のインフレ」状態は、本来、あるべき計画とは逆方向になっている。国が自治体の政治・行政を統制する手段として用いられている。

国は国の政策として何らかの方向性を打ち出す。たとえば環境政策として$CO_2$を削減したいと考える。すると国の区画としての自治体単位に$CO_2$を削減するような環境計画を作りなさい、もし作ってその計画に沿った事業をするのであれば補助金を出しますよ、ということになる。そこで自治体は補助金をもらえるように国の意向に沿った内容の計画を策定して補助金を申請し、国からお金をもらう。これだけであれば、悪いことではないように聞こえます。

しかし問題はここにあります。先ほども触れたように自治体は地域社会や市民生活の総合行政です。確かに環境も大事だが、産業政策もやらなければならない。もちろん安全で豊かな市民生活を保障する責務も負っている。いろいろなタテワリの行政分野を調整していく必要がある。だから自治体には総合計画というものが一〇年単位程度で策定されています。

ところが補助金がほしいなら作りなさいと国から言われる計画は、国のタテワリ分野別にぱらぱらとその都度降ってくるので、総合計画に含まれないことも多々あります。かといってそのたびに総合計画を改定するわけにはいきませんから、補助金をもらうための計画はただ単に補助金をもらうためだけに策定する計画になってしまう。辻褄合わせということです。つまり国、正確にはその補助金を出す官庁に好印象を与えることが優先される。こうして補助金の数ほどの計画が自治体にはあふれているのです。

結果的に国はただ補助金というお金をばらまいているだけではないかという批判が出てくる。そこで最近は国も考えて、自治体が策定した計画の実施結果を評価するという話になってきました。国から補助金を出したのに成果が上がっていないのであれば何らかのペナルティを科しますよということです。補助金ごとに計画を策定させることも国による自治体統制の手段なのですが、さらに一歩進んで、その結果、すなわち自治体行政の実施についても管理していくということになってきた。

そうなると、国にとって「分権」は都合がいい。なぜなら具体的に国があれをしなさい、これをしなさい、そうすれば補助金を出しますよと言っていた時代とは違い、計画は自治体そのものが立てたものですから、成果が上がらないとすれば自治体の責任に転嫁できる。あなたが立てた計画ですよね、ということになる。自治体は国の顔色をうかがいながらこうすれば補助金が出そうだと思って計画を策定していたのに、形式的に見れば確かに自治体が進んで計画を作ったように見えるからです。こうして計画と補助金のセットは国による自治体統制の手段として定着してきた。おそらく役場内の誰も、現在、この自治体にはどれくらいの数の計画があるか、把握していないに違いない。それくらい「計画のインフレ」が続いている。

## 3 公務員

### †減少する公務員の代わり

ここでは、自治体行政のアウトソーシングという動きから、「公務」と呼ばれる分野の担い手について考えていきます。平たく言うと「公務員」とは何か、ということです。普通、日本で公務員というと国や自治体に勤めている人全般を指します。ただアルバイトなどの非正規職員はあまり公務員とは呼ばれない。しかしたとえ非常勤職員でも一定の範囲にある人は公務員の枠内に入り、国家公務員法や地方公務員法が適用になる場合がある。

また海外との比較になると、同じように公務員と呼ばれていても概念が違う場合があります。たとえばドイツの国家公務員は公権力の行使に関与できる公務員（官吏）とまさに公務の実務を担う公務員（公務被用者）にほぼ二分されている。公務被用者には労働基本権が認められ、政治的行為の制限もありません。

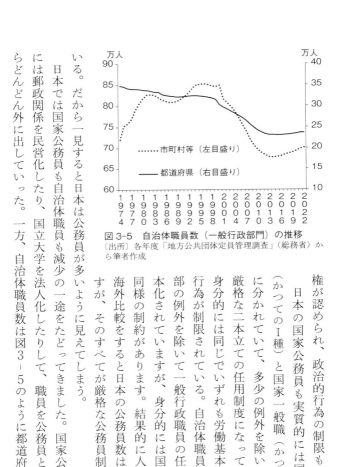

日本の国家公務員も実質的には国家総合職（かつてのⅠ種）と国家一般職（かつてのⅡ種）に分かれていて、多少の例外を除いて、かなり厳格な二本立ての任用制度になっていますが、身分的には同じでいずれも労働基本権や政治的行為が制限されている。自治体職員は、ごく一部の例外を除いて一般行政職員の任用制度が一本化されていますが、身分的には国家公務員と同様の制約があります。結果的に人口当たりで海外比較をすると日本の公務員数は少ないのですが、そのすべてが厳格な公務員制度に乗っている。だから一見すると日本は公務員が多いように見えてしまう。

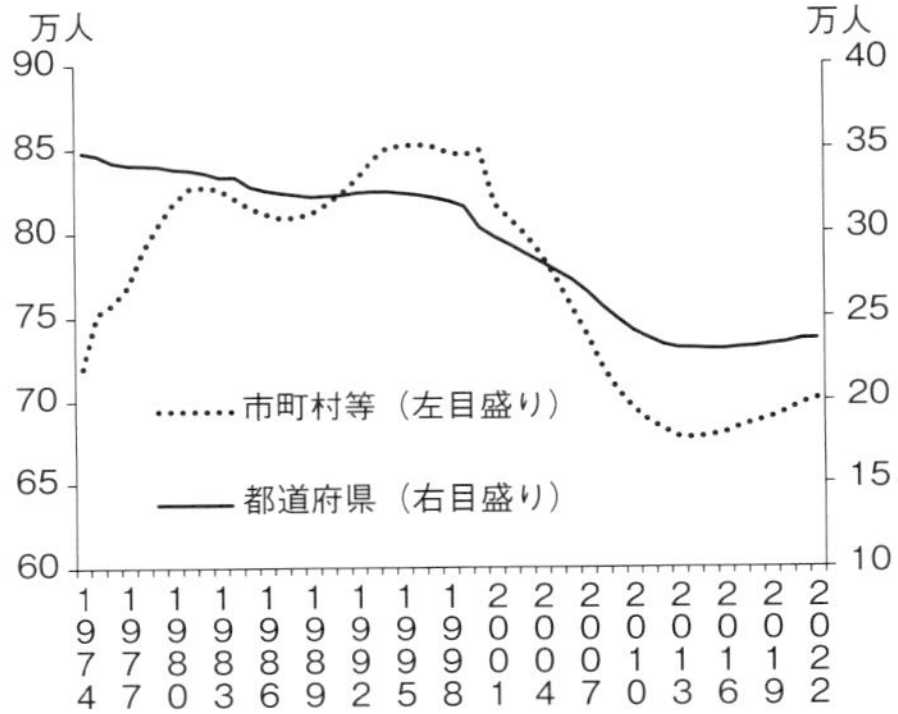


図3-5　自治体職員数（一般行政部門）の推移

〔出所〕各年度「地方公共団体定員管理調査」（総務省）から筆者作成

日本では国家公務員も自治体職員も減少の一途をたどってきました。国家公務員の場合には郵政関係を民営化したり、国立大学を法人化したりして、職員を公務員という身分からどんどん外に出していった。一方、自治体職員数は図3－5のように都道府県職員は漸減し、市町村等職員は二〇〇〇年くらいをピークにこの一五年間で二割以上、減少しました。ただし最近では、民間委託などによる減員の一方で、防災対策、児童相談所、保健所、福祉事務所などで増員が図られ、やや上向いています。

国家公務員も自治体職員も仕事が減ったわけではない。むしろ新しい仕事がどんどん増えている。ではどうして公務員を削減できるのか。それは公務員の代わりに誰かが働いているということにほかなりません。「正規」公務員の代わりに「非正規」公務員を雇用する、あるいは民間企業や法人に事務を委託する、などが考えられます。自治体職員のほぼ三人に一人から四人に一人は「非正規」職員になっています。こうした「非正規」公務員や民間企業などの「非公務」などもまた、広い意味での「公務」従事者です。

## †民間企業の中の「公務」従事者

さらに「公務」従事者は民間会社の中にもいます。マイナンバー制度（社会保障・税番号制度）からこのことを考えてみましょう。

マイナンバー制度は二〇一六年から本格的に利用され始めました。かつて「国民総背番号制」と呼ばれていたものが、「グリーンカード」（一九八四年一月施行予定だったが一九八五年に法廃止）、「基礎年金番号」（一九九七年一月施行）、住基ネット（住民基本台帳ネットワーク）の「住民票コード」（二〇〇二年八月稼働）と続いて、さらに「マイナンバー」制度が創設されて施行される。

こうして似たような制度が次から次へと積み重ねられていかざるを得ないのは、いままでの制度が「真の目的」に対してほとんど効果的ではなかったということです。言うまでもなく「真の目的」とは、国が課税強化のために国民一人ひとりの所得や資産を統一的に捕捉することです。前に触れたように、明治維新政府が戸籍制度を作ったのも課税のためですから、一五〇年経っても行政のやることは似たようなものですね。

マイナンバー制度の元になっている住基ネットは、導入に際していくつかの自治体が受け入れを拒否し、二〇〇〇年分権改革で創設された国から自治体への関与制度が適用されるなど、多くの混乱を招きました。マイナンバー制度の導入でほぼ使命を終える住基ネットですが、この一〇年余り、住基カードの発行を受けた住民は非常に少数ですから、少なくとも「行政サービスの拡充」という「表面的な目的」に対して住民たちのほとんどは振り向きもしなかった。

公務の担い手論という視点から考えると、住民票コードとマイナンバーとの間には質的な「飛躍」があります。住民票コードは政府機関しか利用しないということが想定されていたが、マイナンバーは民間事業者が使用することが前提となっている。このためにNP

〇を含むあらゆる法人や個人事業者にも番号がつけられます。この違いは大きい。なぜ民間事業者が使う必要に迫られるかというと、マイナンバーは課税・納税、社会保険等に使用されるからです。課税・納税、社会保険というと、普通は公務員の仕事ではないかと思われるかもしれませんが、日本の社会システムではその一部が民間企業などの組織によって担われているのです。

たとえば企業は従業員に支払う給与から所得税を源泉徴収し、それを税務署に納める。また特別徴収者として住民税を徴収して自治体に納めます。あるいは厚生年金（国民年金）、雇用保険、健康保険についても、必要な情報を年金事務所、ハローワーク等に送付する。今後はこれらの作業のすべてにおいて従業員のマイナンバーが必要になります。だから、民間事業者はマイナンバーを取り扱わざるを得ない。しかも従業員だけではなく、たとえば報酬や原稿料などを支払う企業外の人たちのマイナンバーも収集しなくてはならないのです。

さらに本格施行前の二〇一五年九月にもう法律が改正され、預貯金や医療とマイナンバーとのリンクづけをすることになった。そうなると、銀行等の金融機関や医療機関が顧客や患者のマイナンバーを収集する必要が出てきます。個人情報は保護されると政府は喧伝していますが、仮にそれが制度のタテマエになっていたとしても、これだけ扱う人たちが広がってくると、ミスや意図的な漏洩は防げないでしょう。

これまでも日本の場合、多くの民間事業者が政府機関の下請け的業務を担ってきました。たとえば特別徴収や源泉徴収をせずに、人々が個々に税金を納めることになったら、国家公務員も自治体職員も今以上の数が必要になるに違いない。マイナンバーの施行は、これらの民間事業者に政府機関並みの情報管理能力を要請する。もちろん銀行等は、これまでも政府機関以上の情報管理能力を持っていたかもしれません。だが今回使われるマイナンバーは銀行内部で完結するものではないので、これまでとは違った質の情報管理が求められるでしょう。

しかも最大の問題は、会社で総務に専従できるような従業員がいない中小規模の民間事業者にまで高度な情報管理能力が求められることです。小さな市民活動団体もまたマイナンバーの情報管理をしなければならない。果たしてこれらの民間事業者のすべてにおいて、求められるレベルのセキュリティを整備することが可能かどうか。

このような事態に対して、すでに会計ソフト会社は、中小規模の民間事業者向けにマイナンバーの管理を包摂したシステムを販売しています。このシステムはクラウド上でマイナンバーを管理する。もちろんそれなりのセキュリティはかけられているとは思うものの、世界中のどこかにある会計ソフト会社のサーバーに、さまざまな民間事業者が収集したマイナンバーが集められている。大企業であればあるほど、マイナンバーの管理を外部の情報会社に委託をしている。社内で管理するとリスクが高いから外部委託をしているのです。どこか倒錯していませんか。少なくともマイナンバーに関して言えば、「もう一つの政府機関」が存在しているように見えます。

マイナンバー制度の施行があぶり出したことの一つは、日本においてはほとんどの民間事業者が「公務」の担い手であったということです。課税・納税と言えば、国民国家統治の基本中の基本であり、公権力の行使の中でもコアとなる部分の一つですが、その一翼をほとんどの民間事業者が担っているのが現実です。

## †公務員と「非公務員」との境界

ではどの仕事が公務員（「正規」の公務員）でなくてはできないことなのか。逆に言うと公務員でなくてもできる「公務」は何か。一般には「公権力の行使」（行政処分とも言われます）が境目になっているようです。では「公権力の行使」とは何か。これがわかるようでよくわからない。

たとえば警察はわかりやすいかもしれません。無暗に行使できるわけではありませんが、場合によっては市民の身体を拘束できるわけですから、公権力中の公権力ですね。ただ、これも微妙なところがないわけではない。たとえば、現在は駐車違反の車両を確認する仕事が民間委託されています（放置車両確認業務）。ときどき町の中でカメラを持って歩いている腕章をした駐車監視員を見かけます。もちろん、この自動車が駐車違反をしている状態にあると確認する行為だけが委託されていて、おまえは駐車違反だと決めるのは警察職員でなくてはできない。しかしこれはタテマエの世界です。実際には上がってきた報告を信頼するしかない。実際に見に行けないから委託をしている。

何かを許可するとか認可するということも公権力の行使とされているのですが、身近なところでは自動車学校の特定の教員は運転免許の路上検定ができるし、民間車検場と呼ばれる指定工場は車検ができる。建築確認も今やほとんどの件数が民間で担われています。これらはすべて政府の一機能を分担している。現実の社会では公務員以外でも公権力の行使を担っています。公権力の行使というのは公務員だけの専売特許ではない。

こうした非公務員が公権力の行使をするとき、法的には「みなし公務員」という扱いになります。個別の法律でそれが定められている。実は「みなし公務員」の数は意外に多い。かつての私のような国立大学法人の職員も「みなし公務員」とされています。以前、特殊法人と呼ばれていた法人職員も「みなし公務員」です。おそらく「みなし公務員」が何人いるかという統計は存在しない。見たことがありません。少なくとも現在の国家公務員数以上にいることは間違いない。

「みなし公務員」というのは公務員ではないので、労働基本権や政治的行為の制限はない。法的に認められるのは贈収賄と公務執行妨害くらいです。「みなし公務員」の「公務」を妨害すると、普通の非公務員の仕事を妨害する以上に罪が重くなる。贈収賄も発生する。逆に言うと、ただそれだけのことです。これらのことも明文化されているわけではなく、過去の判例の積み重ねによってそう解釈されている。公法の世界でも「みなし公務員」に関する研究は見たことがない。だから現実に「みなし公務員」というのは一種のおまじないみたいなもので、実効性はあまりありません。でもそういう人たちが公権力の行使を担っている場合がある。

一方、普通の公務員は必ずしも公権力の行使ばかりを仕事にしているわけではない。むしろそうではない仕事のほうが量的には多いでしょう。たとえば農産物の直売や自治体内の産業を紹介するイベントを開催するのは、公権力の行使とは無縁に見えます。ただ完全に無縁かというとそこも微妙です。イベントでどこの農家に直売を許可するか、どこの商店に展示を許可するか、というのは、施設使用の側面から見ると公権力の行使に当たらないわけではない。

しかしよく考えてみれば、こういうことは民間企業でもありうる話です。民間企業がイベントをする場合でも、どこの企業を参加させて、どこの企業を参加させないかということを決めます。役所がやることとどこが違うのか。どうも本質は違わないような気がします。ただ、あえて言えば、それは役所だからということそのものに違いを見出すしかない。

もちろん、許可や認可を中心とした仕事もある。その場合には多くの管理職が公権力を行使する立場に立たされる。名義は県知事や市町村長名義になっているかもしれませんが、課長や部長が決定権者になっているものもあるからです。そういう管理職は確かに「正規」公務員しかできないかもしれない。ではその部下の職員はどうでしょうか。職員は課長が公権力の行使を決定するための準備をする。先ほどの駐車違反の車両確認と似たようなものなので、必ずしも公務員ではなくても大丈夫そうです。

## †公証事務は公権力の行使?

このようにどこまでが公務員でしかできないか、どこからが公務員ではない「公務」従事者に任せてもよいのかという点について、長い間、国と自治体との間で議論になってきました。戸籍謄抄本《とうしょうほん》の発行の例を紹介します。出生、結婚、死亡というときに戸籍謄抄本が必要になりますね。そういうときに私たちは市町村の窓口や郵送で請求します。

戸籍謄抄本の交付をめぐって、どこまでが外部化、つまり公務員以外でも仕事ができるのか、逆にどこまでが公務員でしかできないのかという議論が最初に国と自治体との間で明示的に行われたのは、二〇〇二年の構造改革特区提案の際でした。当時、三鷹市は「本庁舎以外で行っている市民課窓口業務のうち戸籍謄抄本の交付事務の民間委託化及び交付時間の規制緩和」を構造改革特区として提案しました。わかりやすく言うと、たとえば民間委託されている駅前の役場のサービスセンター窓口で戸籍謄抄本を発行できるようにするということです。提案の内容は明瞭ですね。

それに対して戸籍に関する法律の所管官庁である法務省は、「行政処分である戸籍謄抄本の交付の可否を決定することが市区町村長の権限であり、それを行使するのは正職員に限られることは当然」「戸籍謄抄本の作成自体が公証事務の主たる部分であるから、その部分を公務員でない者が行うことは相当でない」という見解を示した。戸籍謄抄本を交付するか否かを決定するのは行政処分だから公務員でしかできないと言うのです。

理解できるでしょうか。私たちは、戸籍謄抄本は申請すれば交付されるものだと思っています。おまえには交付しないぞ、と言われるなどとは思っていない。ところがそういうことがあるらしい。たとえばこいつに交付すると「なりすまし」の詐欺に使うかもしれないと判断されれば交付は認めない。これが公権力の行使だと言うのです。

ここでの法務省の論理は、「戸籍謄抄本の交付は公証事務であり、行政処分（公権力の行使）に当たる」→「公証事務とはすなわち戸籍謄抄本の作成であるから、その業務は正職員に限られる」というものです。だからほかの作業、たとえば窓口で申請書を受け取るとか、端末にキーボードで入力するとか、できあがった戸籍謄抄本を渡すとかは委託できたとしても、交付の可否の決定だけは職員以外にできないと言うのです。

しかし実務に携わるものから見ると、このような論理は空論に近い。たとえば、一般的に窓口に住民がきて、戸籍謄抄本の申請書を提出したとすれば、職員は申請書に遺漏がないかをチェックして、窓口に来た人の身分証明を確認し、端末に入力してプリントアウトする。プリントアウトされた紙に公印が刷り込まれている場合もあるが、そうではない場合には公印を押して、手数料を徴収するとともに申請者に戸籍謄抄本を手渡す。これが実務の流れです。

このときの公印を押す作業が交付の可否を決定するということです。確かに観念的には公証事務は行政処分（公権力の行使）かもしれませんが、実際にはプリンターが公印を押していることさえある。それくらいマニュアル化されていて、判断を要するケースはよほどのトラブルが発生しない限り存在しない。役所の業務の中でももっとも単調な業務の一つです。仮に判断を要するようなトラブルが予測されても、それを判断するのは窓口に立っている職員であって、管理職ではないし、まして公印の名義になっている市町村長でもない。

もし法務省の論理を突き詰めれば、戸籍窓口は公印の主体である市町村長自らがやるか、あるいは少なくとも課長級以上の管理職がやらなければならないことになる。しかしそんなことはさすがの法務省も言えないので、市町村長や管理職の管理のもとにあればよいということになるのですが、それなら正規職員ではなくて臨時職員でも派遣職員でも、実効的に管理できればよいことになる。

## †市場化テスト法で守られていること、守られていないこと

二〇〇六年に市場化テスト法（競争の導入による公共サービスの改革に関する法律）が施行され、自治体においては窓口五業務（戸籍謄本、納税証明書、住民票の写し、戸籍の附票の写し、印鑑登録証明書。施行当時はこのほかに外国人登録原票の写しがあったので六業務でした）に関して、公務員の正規職員が配置されていなくても、民間事業者に住民票の写し等の交付の請求の受付、引渡しを委託することが可能になった。そこで足立区はこれらの窓口業務の全面的な委託を始めようとしたのですが、結局のところ、断念した。

なぜなら市場化テスト法によって外部化が可能と規定されているのは、あくまでも「請求の受付」と「引渡し」だけであり、そのプロセスの真ん中にある「審査・決定」業務は

外部化できないことになっていたからです。しかしすでに触れたように、「請求の受付」と「引渡し」との間にある「審査・決定」とは、単に端末のキーボードを叩いて申請書を入力し、公印を押すことです。この作業のところに申請書が回ってくるまでには、すでに窓口でのやりとりによって申請書上の整合性は確保されていて、判断を要する業務は事実上存在しない。これが「審査・決定」事務の実態です。つまり、一連の流れの中でもっとも判断を要しない機械的な作業が「行政処分（公権力の行使）」として外部化できないと言うのです。

仮に公証事務が行政処分（公権力の行使）であるとしても、それを担うべきなのは直接、申請者と対面し、交付を拒否する可能性を判断できる「請求の受付」と「引渡し」という作業をする人たちです。ましてマイナンバーカードによってコンビニなどで自動的に交付される場合には、システムの中で完結するので、どのような意味でも実質的判断の余地は入りません。このような空理空論によって、いったい国は何を守ろうとしているのか。逆に何が守られていないのか。

そこで足立区は全国の自治体に呼び掛け、アウトソーシングの範囲を広げるためにはどのようにしたらよいかを議論するために、二〇一二年七月、一五三自治体によって日本公共サービス研究会を立ち上げた。二〇一三年六月には「日本公共サービス研究会中間報告」が出され、足立区では、二〇一四年一月から窓口業務の包括的委託を開始した。ところが、法務省東京法務局から戸籍事務委託について、また厚生労働省東京労働局から偽装請負の疑惑について指摘を受けてしまいました（『朝日新聞』二〇一四年六月四日、同七月一七日）。

## †理屈と現実との乖離

しかし現に市場化テストとして実施されている事例を見ると、こうした足立区に対する国の対応とは別に、実態として現実が進んでいることがわかる。東京自治研究センターの伊藤久雄さんによれば、市場化テストにより窓口業務をアウトソーシングしている自治体は、北海道由仁町、宮城県丸森町、茨城県守谷市、長野県南牧町、兵庫県神河町の五自治体ですが、委託先は、自治会、地域協議会、地域住民出資の企業、民間企業、公社、シルバー人材センターと多岐にわたっています。これらの事例の多くは出張所の廃止や公民館の指定管理者制度導入に伴い、それぞれの受託者が窓口業務を担当していることが多い。つまり、現実には町会の役員とか、あるいはシルバー人材センターから派遣された高齢者が各種証明書の交付事務を担っているのです。

この場合に、これまで説明してきた政府の解釈とどう整合性を取っているのかというと、次のような手間をかけています。内閣府公共サービス改革推進室官民競争入札等監理委員会事務局（長い！）の資料によれば、このように委託された窓口で公務員の正規職員がいない場合には、住民がそれぞれの窓口に申請書を出し、その申請書は本庁舎にファックス送信されます。本庁舎にいる公務員の正規職員がその申請書を「審査・決定」したあと、それぞれの窓口にファックスで証明書類が送信され、それをプリントアウトして手渡される。しかしこれこそ形式主義の極みです。想像してみてください。本庁舎のファックスの前に座っていることになっている公務員の正規職員はいったい何を判断の根拠として「審査・決定」するのでしょうか。

こうした観念的な議論は現実の前には無力です。たとえば福岡県宮若市には「宮若市の証明事務等の窓口を農協に設置する条例」があり、農協の窓口で住民票の写しなどの公証事務を行っている。こういう事例は全国に数件あります。市場化テスト法を経ることなく、条例で外部化している事例です。この条例のよくできているところは、この事務を取り扱う人たちに対して守秘義務等を課し、違反者には罰則を設けているところです。このようにすれば実質的に市場化テスト法と同等の規制がかかることになる。しかも、これを応用すれば農協だけではなく、さまざまな主体に外部化することも可能です。

問題なのは国が示しているような観念的な議論を繰り返しているうちに、肝心の市民の権利保障がおろそかにならないかということです。何か問題が起きると、制度を作った人たちはマニュアルを守っていればこんなことにはならなかったはずだと言いますが、そもそもマニュアルが観念的で現実的ではない場合には、その責任はやはりそういう制度を作った人たちにある。すでに「非公務員」が「公務」に従事している事例が多々あるという現実を踏まえて、個人情報管理等の市民の権利を実効的に確保するべきでしょう。理論的に言えば、公権力の行使という概念をもう少し厳密化することも必要になる。

## †地方独立行政法人化？

もう十数年もの間、こんな議論が続いてきたのですが、また新しい動きがあった。地方制度調査会という組織が総務省にある。これは地方自治制度について有識者と国会議員が議論するところです。ここで、公証事務を完全に外部化するために地方独立行政法人を活用したらどうかという提案が行われた（二〇一六年三月一六日答申）。つまりこれまで公共的な団体を含めて、公務員の正規職員以外にはできない業務としていたものを「地方独立行政法人」であればできるのではないかとしたのです。

その理由は「指定法人や一部事務組合等とは異なり、市町村が業務や組織に対して強く関与することができ、かつ、具体的な業務執行は法人の自主性・自律性に委ねられ、迅速な意思決定や、業務のノウハウの蓄積、職員の専門性の確保、柔軟な人事運営等のメリットが期待できる」からだそうです。ただそれまでの議事録を読むとほとんどの委員が懐疑的です。

「窓口行政については、特に町村レベルでは、住民との接触の機会も含め、その重要性が認識されているということはないのだろうか」（飯島淳子委員）

「何だかよくわからない独立行政法人が一個ふえて役人さんが喜んでいる、というようなことにはならないようにしておく必要がある」（太田匡彦委員）

「窓口業務を含めた一定の事務処理をしなくてはいけない指定管理者が結構ふえてきているので、『指定業務執行者制度』とか、あるいは『指定代行者制度』みたいな、民間委託に指定という要素を加えるような制度というものを考えるといいのではないか」（武藤博己委員）

なぜ多くの委員が懐疑的なのに答申に盛り込まれるのかというのはブラックボックスですが、その他の委員の発言を読んでも、実は誰もが形式的な「審査・決定」よりも、実際に窓口に立っている「請求の受付」「引渡し」に携わっている人たちのほうが重要な役割を果たしていることを理解している。このように「観念」で「現実」を抑え込めば込むほど、たとえ同じ労働を同じような形態で実施していても、民間事業者ではだめだが、地方独立行政法人であれば可能という不可思議な提案が繰り返されるだけです。その間に矛盾は拡大し、ひいては情報の拡散など市民の利益に反する事態が生じるとも限らない。ここはやはり、「現実」に合わせて「観念」を改めるべき局面にある。

## †社会分権型アウトソーシングの提案

論点は「公権力の行使」「職員の身分」「ガバナンスのしくみ」です。一つずつ、ごく簡単にレビューしてみます。まず公権力の行使についてですが、前述のようにもともと公証事務が公権力の行使に当たるか否かという点が問題です。大多数の場合、戸籍や住民基本台帳を新しく作成したり追加するなどのときに問題が処理され、謄抄本発行などの公証事務の段階では事実の証明だけになるのが通例です。ここに限れば公権力の行使とは無縁であり、事実、実務上もそのように流れている。

ここでことさら公権力の行使を謳うのは、単に事実の証明だけではなく、むしろ「証明しない」ということから生じる権力性でしょう。たとえば第三者が不当な目的で証明書類を申請してきたときに拒否するなどの場合です。ただし、これもたとえば銀行で、必要とされる本人確認の証明を虚偽で行ったり、あるいは証明なしに口座振込を銀行員に強要したりするのと同じです。あえて公権力の行使という概念を持ち出すまでもなく、法令で一定の行為を制限すればよいだけではないのか。またそれでもあえて公権力の行使を謳うのであれば、これまで例示してきたように、必ずしも公権力の行使ができるのは公務員の正規職員ばかりではないという現実の事例を対置すれば足ります。

次に職員の身分ですが、ここでは公務員の正規職員のほかに、すでに触れたような「みなし公務員」制度が一般的に広く活用されています。たとえば市場化テスト法では第二十五条第二項に「前条の公共サービスに従事する者は、刑法（明治四十年法律第四十五号）その他の罰則の適用については、法令により公務に従事する職員とみなす」とある。このように公務員ではない人間に対してその職務の性質から公務員とみなすという主旨の文言が含まれている法律は、検索すると約二五〇本にものぼる。

法律において、このような業務を行えば公務員と同様の規制がかかると規定すると、仮にコンビニの学生アルバイト店員でも「みなし公務員」として扱うことができます。ただし、「みなし公務員」に関する学説は豊富とは言えず、いわば放置状態にある。判例からは、贈収賄、公務執行妨害等の適用はありますが、守秘義務など、公務員の身分に伴う義務等は適用されないことになっている。「みなし公務員」に限らず、こうした非行為に対する最大のサンクションは解雇であり、解雇を恐れるという心情によって規律が保たれるという要素は大きいのですが、コンビニの学生アルバイト店員にとって「解雇」はそれほど大きな痛みを持たない。すると罰則だけで実効的な規制がかかるとは思えない。したがって「みなし公務員」というざっくりとした規定ではなく、ひとつひとつの非行に対する法律や条例による規制を整備する必要があります。

第三にガバナンスのしくみです。つまり外部化された事務をどのように市民がコントロールできるかというシステムが必要になっている。たとえば指定管理者制度は行政側と受託者側との単なる対等な契約ではありません。問題が生じた場合には行政側から一方的に指定の取り消しができます。もちろん、指定の取り消しの前段には行政側による管理や検査の上での立入りなどの権限も決められている。最近、特に商法、行政法の視点からこういうしくみに対する批判的な検討も行われていますが、いまのところ新しい公契約の形態が提案されるところまでは行っていない。ここの制度設計が必要になってくるでしょう。

歴史を振り返れば、もともと行政機構こそが市民からのアウトソーシングでした。しかし行政機構が肥大化することによって、市民は行政の客体となり、いつのまにか行政機構から繰り出されるパスを受けるだけの存在になってしまった。しかし、生活の隅々まで政策・制度のネットワークが浸透している都市型社会において、市民を「対象住民」に押しとどめ行政の肥大化を維持しようとするのは事実上困難です。だからこそ「公務住民」的要素が喧伝され、行政からのアウトソーシングという流れになるのは必然だが、そもそも行政機構こそが市民からのアウトソーシングという観点から見れば、行政からのアウトソーシングも「市民住民」が統制すべきなのは当然です。

これまで見てきたように、実態として行政からのアウトソーシングが増えれば増えるほど、見かけ上、正規の公務員数は減りますが、事実上は誰もが公務員もどきという状態を招いている。ここに理論と制度の壁がたちはだかっています。これを打開する方向性を「社会分権型アウトソーシング」と名づけると、次のようなことが考えられます。

①アウトソーシングの意義を再定立する
・市民からのアウトソーシングとしての行政（政府信託論）
・分節化としてのアウトソーシングの必然性（権力抑止論）
②行政機構の仕事を社会的な仕事として再編する
・行政処分「公権力の行使」の縮減（市民事業化）
・身分による規制から行為に基づく立法的規制（条例を含む）の整備
③なお残る「公権力の行使」（行政処分）を制約する
・職務に基づく公権力行使型公務員の限定（その他の職員の一般労働者化）
・組織内オンブズマン等簡便な市民救済制度の確立

# 第4講
# 地域社会と市民参加

## 1 コミュニティ

### †コミュニティの制度化としての自治体

第1講の冒頭で自治体には三つの顔があると書きました。①土地の区分としての自治体、②地域社会としての自治体、③地域の政治・行政組織としての自治体の三つですが、ここでは②の地域社会としての自治体について考えてみます。第2講で、歴史的に自治体は人の集団であることに本質があると言いました。地域における人の集団を、現在では地域コミュニティとか、単にコミュニティと言います。

現在の日本で地域コミュニティと言うと町会・自治会のような地縁団体がイメージされる。地縁団体は今でも全国的に広く存在しています。東京のような大都市でもほぼ漏れなくほとんどの地域で地縁団体活動がある。ただ、都市部の多くの市民は地縁団体を意識して暮らしてはいません。形式的な組織率はそれなりに高いものの、実際に活動に参加している人の割合は極めて小さいですし、日常的には地縁団体の活動を見聞きしたことのない人たちのほうが多数派です。一方、農村部のように地域社会と生産活動が強く結びついている地域では、現在でも寄り合いなどの地域活動が残っている。

都市部の地縁団体の役員を見ても、その中心は自営業者など地域で暮らしていかなくてはならない人たちです。サラリーマンとして日中はどこかに働きに出かけている人たちは、こうした活動に参加する機会は少ない。つまり地縁団体の活動はその地域の産業形態に影響されるところがある。

ここで論じようとする地域コミュニティとは、こうした地縁団体の活動を含みますが、もう少し広い意味です。自治体は人の集団を起源に持つと述べてきましたが、本来、自治体とは地域コミュニティの制度化です。つまり地域社会という人の集団がそのまま自治体という制度になっていればすっきりする。ところが日本の自治体は不幸な歴史をたどってきたので、大規模化、広域化している。そこでしかたなく人間個人と自治体との間に地域コミュニティという中間的な存在を考慮しなければならなくなってきた。最近、多くの人たちが地域コミュニティは大事だと言い始めているのはこんなところに理由がある。

言い換えると、現代において地域コミュニティが強調されるのは、ある意味で自治体の政治・行政が限界を迎えているからです。近世までは農業にしても商工業にしても、地域内での生産活動（「村」）と地域間の交易活動（「町」）によって社会が成り立ってきた。一人ひとりの人間の生活の大部分は地域内で完結することが多かった。

村請制のところで述べたように、これは個人が地域に守られることでもあり、同時に抑圧されることでもありました。地域による束縛は「絆」とも言われた。二〇一一年の東日本大震災後は「絆」という言葉が肯定的に使われていますが、もともとの意味はお互いに束縛することです。束縛されることで守られることもあるということです。

これに対して近代化は地域と生産力を切り離した。端的に言えば、暮らすところと働くところが分かれるということです。暮らすという意味での地域性は残りますが、働くという意味での地域性は次第に失われていく。個人から見ると移動の自由や権利が生まれるという効果もあります。つまり近代化によって生産力は飛躍的に向上しましたが、それは地域の束縛から一人ひとりの人間が解き放たれる過程でもあった。家族も代々同じ地域に住み続ける大家族制から親子関係を中心とした小家族制に移行していく。

「村」単位で課せられていた税は個人単位になります。これまで「村」の中の相互扶助で支えられてきた生活支援は、次第に行政が個人に対して直接的に行うようになります。これらの過程は近代化に伴う必然的結果です。こうして行政は生活のあらゆる領域をカバーしなければならなくなり、肥大化の一途をたどる。そして私たちは政策・制度のネットワークの中で暮らしていくことになる。

## †「第二の村」とその限界

地域と生産力が分離する近代化が進展するにつれ、多くの人たちは会社などの法人に属することになります。そういう人たちにとって地域は休日や夜間に家族とともに暮らす場所にすぎなくなる。一日中、地域に残っているのは自営業や農業など地域内で生産活動をする人たちや、専業主婦と子どもたち、あるいは定年などでリタイアした人たちです。このような人たちが地域活動の担い手の中心になっていく。

一方、会社に属した人たちに対して、会社はかつての「村」の機能を果たしていた側面があります。たとえば会社ごとに家族を交えた運動会が行われる。これはかつての「村」でお互いの紐帯を再確認する場であった「村祭り」の再現です。福利厚生事業や生涯にわたる年金も会社が代替してきた。葬式も会社ぐるみで執り行う。炭鉱都市のように社宅と呼ばれる住宅や病院も企業が提供した例も少なくありません。会社が「第二の村」だった時期があったのです。

ところが、現在、会社は「第二の村」であることをやめ始めている。経済環境が高度成長から低成長へ、さらにゼロ成長に移行し、会社にその余力がなくなっているのかもしれない。その分だけますます行政がセーフティネットの負担を背負わなくてはならなくなっています。ここにも財政支出の増大を求める圧力が加わる。しかし経済環境の変化は行政も同じなので、何でもかんでも行政が引き受けられる状態ではない。

このようにして財政赤字が積み上がる。特に日本では九〇年代後半の橋本龍太郎内閣を最後に財政規律が破綻し、今では国だけでも一〇〇〇兆円を超える債務残高があります。今でも「成長」の幻想を追いかけながらの刹那的な財政運営が続いている。こうした客観的情勢を見れば、私たちの一斉生活破綻があした来るとも限らない。そこで、政府側でも市民側でも、もう一度地域社会における生活支援能力を再建するという地域コミュニティ論が叫ばれ始めているのです。

### †コミュニティの概念

しかし近代化の果実を享受しながら地域コミュニティを再建するということは口で言うほど簡単なものではない。近代化によって一人ひとりの個人が社会の構成単位であることが確立した以上、近世以前の束縛された地域社会に復古することは理念的にも現実的にも不可能です。この隘路を考察するために社会学者の見田宗介さんは図4-1のような概念図を提起しています。

第三象限にある共同体が近世以前のコミュニティと考えればよいでしょう。それに対し

図 4-1　コミュニティの概念図
〔出所〕見田宗介（2006）より一部改変

て近代化は地域社会のあり方を第四象限の集列体へ、さらに第一象限の連合体へと移行させる。生産力の拡大によって個人が自立していく過程と言えるかもしれません。そこにはメリットもデメリットも存在する。現代において地域コミュニティを再建するということは、単に第三象限の共同体に戻ることではなく、第二象限の交響体を目指すことになる。地域コミュニティの再建とは単なる復古ではないということを示しています。

　そうは言っても交響体というのはどのような世界なのでしょうか。集列体というのは、個人がばらばらに管理されている状態で、たとえばブラック企業などを思い浮かべればわかる。連合体というのも、たとえば非常にうまくいっている市民活動団体（NPO）などをイメージすればわからないでもありません。しかし交響体というのはなかなか具体的に感じにくい。たとえて言うとサッカーのサポーター集団が声をそろえて応援する瞬間のような感じでしょうか。それが組織として、あるいは集団として継続することが可能なのか、なかなか難しいように思います。

## †地域コミュニティへのスタンス

もう少し具体的に考えてみましょう。政府が成立する必然性についてはすでに述べた通りです。政府が犯すリスクを最小限化するために、政府は市民によってコントロールされなければならないということも話した通りです。政府に権力を信託しているのは「私」という市民個人です。これが主権者という概念です。この構図は近代化によって成立しました。国という政府に対しても自治体という政府に対しても同じです。

新しい地域コミュニティ論が本質的に抱える難しさは、このような市民個人の意思と地域コミュニティとしての意思との齟齬《そご》にある。近世の「村」や集落でも、代表者（長）を選挙で選出していたという例はあります。選挙といっても男性の世帯主が中心なので女性や子・孫世代はまず参加していない。また現在でもさまざまな団体で、「ご異議はありませんか。ないですね」といった形で、無言の合意が調達されることが少なくないように、おそらく当時もそのようなものだったと想像できますが、構成員の合意によって正統性を保つ工夫は一応講じられていたのです。

目指すべき新しい地域コミュニティはこうした古い共同体とどこが違うのでしょうか。主権者である市民個人にとっては、政府と自分との間に新しい地域コミュニティが挟み込まれるということです。政府に対する主権者という地位を手放さないとするならば、市民個人は新しい地域コミュニティと政府の両者における構成員になる。

問題は新しい地域コミュニティと市民個人の意思とが齟齬を生じた場合です。当然のことながら市民個人は新しい地域コミュニティの決定と違っていても、市民個人としての意思表明を地域コミュニティの外部に対して行うことができます。ただしそのことによって地域コミュニティの決定そのものの正統性が揺らいでしまう。地域コミュニティで決定することの意味が薄れることになる。

この困難さを制度論的に解決するためには、結局、新しい地域コミュニティもまた政府であると位置づけて構成員の合意を調達し、そこに何らかの権力を付加しなければならなくなる。それが地域コミュニティの制度化としての自治体という意味です。そんなことをしたら国と自治体以外に政府が何層もできてしまうのではないかと思われるかもしれませんが、その通りです。そうしない限り、現代においては地域コミュニティと個人との関係の相克は解決しないのです。

ところが再三繰り返しているように、日本では度重なる市町村合併によって小規模の政府をつぶしてきた。為政者もこんなことをすれば何が起こるかに気づいているので、合併の都度、地域自治組織の話がセットで出てきます。昭和の大合併のときには財産区制度の活用や旧町村ごとに選挙区を設けるなどの対応があり、平成の大合併でも合併特例区や地域自治区の制度化が行われています。だがどれも時間の経過によって廃止されるか形骸化しているのが現状です。根本的には、地域コミュニティを自治体として再建しない限り、この隘路は抜け出せない。

## †戦時体制と地縁団体

ここで地縁団体の負の歴史についても触れておきましょう。人間が社会で生活していく上で集団を組むのは自然なことです。しかし統治の歴史が始まった途端、それらの集団には機能と意味が付与されます。たとえば、すでに述べたように江戸時代の藩政村は統治の構造の中で一定の役割を果たしていました。納税先である藩との関係において、あるいは構成員である個々の人間との関係において、それぞれのバランスを保ちながら統治機構の一翼を担ってきたのです。

先の大戦において地縁団体は戦時体制を遂行するために重要な役割を果たしました。GHQ（連合国軍最高司令官総司令部）はこのことを重視して、戦後、一時期の間、地縁団体の活動を停止させたくらいです。地縁団体が制度的にも戦時体制に繰り込まれたのは一九四〇年九月一一日の内務省訓令第一七号でした。それぞれの地域に存在していた地縁団体

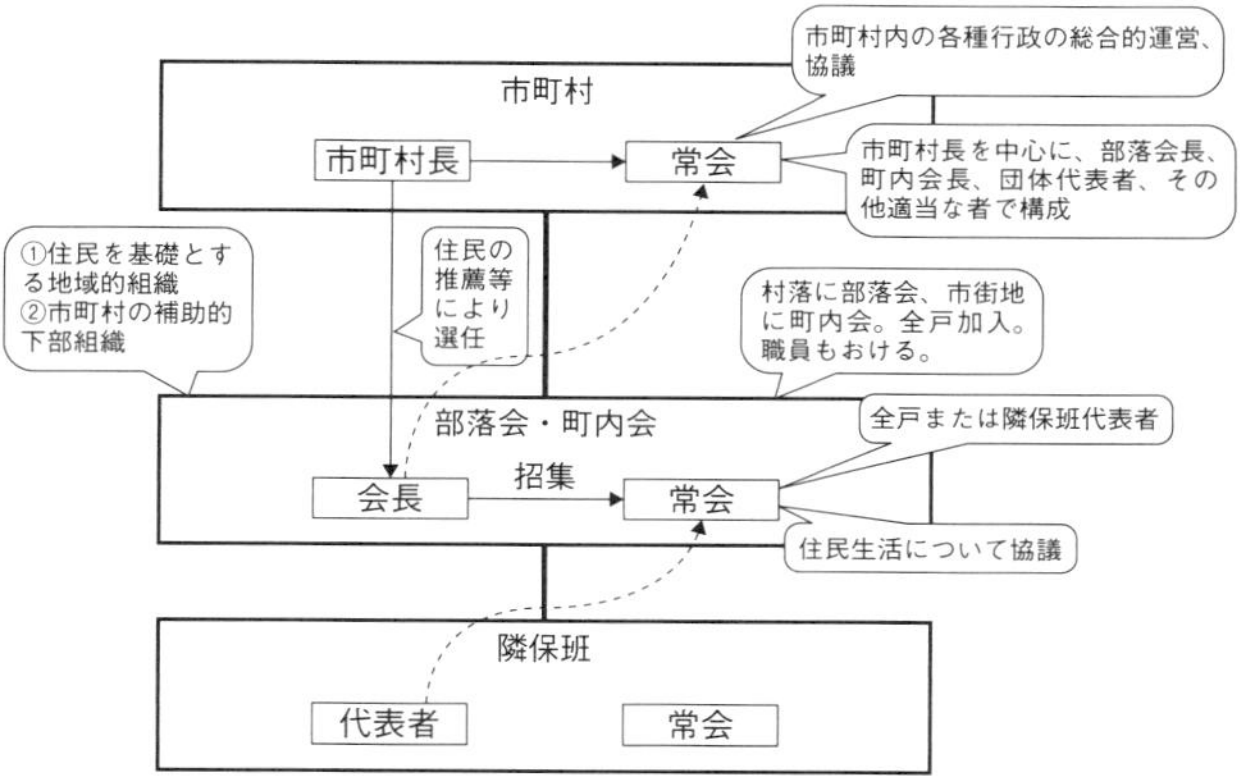


図 4-2　部落会・町内会の制度化図（1940年）
〔出所〕「部落会町内会等整備要領」1940年9月11日内務省訓令第17号より筆者作成

を、農村部では部落会、都市部では町内会として国家統治機構の一部に制度化したのです。この結果、図4－2のような地域組織が出現する。

隣保班《りんぽはん》の代表者が部落会・町内会の常会（会議体）を構成し、部落会・町内会の代表者が市町村の常会を構成しています。部落会・町内会の代表者は市町村長による選任です。あたかも地域団体の積み重ねによって意思決定が行われているかのように見えますが、最終的に市町村常会の構成は、市町村長を中心として、市町村長が選任する部落会・町内会の会長などとなる。地域社会の集団性を利用して個々の住民を戦時体制に動員するものでした。

この図にはありませんが、この当時にも

当然ながら議会というものがあった。部落会・町内会は一般制度として全戸加入が強要されましたから、市町村常会は市町村議会にも匹敵する正統性が担保されることになる。こうして、市町村に、常会と議会という二重構造が出現します。

市町村議会が議決機関とされるのに対して、市町村常会は協議機関と性格づけられていた。しかし実態としては、市町村長の統制下にある市町村常会が市町村議会に対して優越的にふるまうようになります。実際に、議会は町会長の会議の後に形式的に開かれるという事例も報告されている。また、常会が部落会・町内会単位に議員候補者を推薦して議会の選挙に臨むなど、常会と議会との二重構造は、議会の権能を実質的に削ぎ、議会の空洞化を導くことにもなった。

部落会・町内会の法的制度化とほぼ同時期の一九四三年、それまで概括主義であった議会の議決事項が制約され、制限列挙主義となったことにも注目するべきです。概括主義というのは議会が議決することがらが大まかに定められていることで、それに対して制限列挙主義とは議会の議決事項が細かく定められ、それ以外のことについて議会の決定権がないということを示すものです。このとき以来、現在の地方自治法に至るまで議会の議決事項は制限列挙主義になっている。このようにして、部落会・町内会の一般制度化は、結果的に市町村長の集権体制を強化することになった。

地域コミュニティのあり方に政治や行政が口を突っ込み始めるときには常にそういうリスクへの警戒感を怠らないようにしなくてはならない。現代もまた戦後何回目かの地域コミュニティ政策論ブームですが、迂闊にそのブームに乗らないようにしないといけない。市民の自由な意思に基づく会員制組織としての地域コミュニティはこれからも重要な役割を果たすでしょうが、三鷹市職員だった秋元政三さんによれば、そこには、①参加や退会の自由、②民主的な役員選出、③自発的、自主的活動、④主として公共的活動、という四条件が求められるのです。

### †地域コミュニティの方向性

それでは近代化された現代ではどのような地域コミュニティが求められるのか。人間は一人では生きていけず、なおかつ物理的存在である限り、私たちは何らかの地縁性を持たざるを得ません。大規模な災害が起こると地域防災組織の強化が常に話題になるのはそのためです。同時に、地域防災組織の強化は困難になっている。一応、形式的には全国各地で組織化が進んでいるようになっていますが、いざというときにどれほど実効性があるかは心許ない。

なぜならこれらの地域防災組織は地縁団体を基に組織化されているからです。地縁団体の活動そのものが困難になっているところで、地域防災組織だけがうまくいくはずがない。もちろん地域性もあって地縁団体の中には活発な活動をしているところもありますし、地域防災組織がいざというときに機能すれば、ある程度の割合の住民が救援されることは確かですから、地域防災組織が必要ということは間違いない。ただし、それだけでは足りないし、すべてを任せてはいけないということです。ここでも複線型の制度設計が必要になる。

つまり地域コミュニティを地縁団体に一元化して、そこに災害救助や生活支援などの機能をすべて負わせるということは無理です。地域コミュニティのイメージをもっと膨らませなければならない。たとえば地域内で地縁団体の次に地縁性が高い組織は小学校や中学校のPTAです。単年度ごとに人は入れ替わりますが、組織としてのポテンシャルは強い。ただし私立に通う子どもが多いところでは十分ではないかもしれない。しかしその他もたくさんあります。JA（農協）とかJC（青年会議所）とか生協とか、テニス仲間とかカフェ仲間とか。ママ友、パパ友、もう少し広く取れば会社仲間とか、組合仲間とかもある。考えてみると私たちは生きていく上で何らかの仲間に属している。その大部分に広義の地縁性がある。

地縁団体に一元化するのではなく、こうした大小さまざまな広義の地縁性を持った網の目を形成することで、いざというときの自分の生活を支え合う。それが現代における地域コミュニティのイメージです。一元化されていないので網の目からこぼれる人たちがいるかもしれない。しかし現状の地縁団体でもこぼれる人は出てくるので、少なくともそれだけよりはこぼれる人が少なくなるはずです。網の目からこぼれる人たちは行政が直接支援するしかない。それは生命と安全を使命とする自治体行政の役割です。

## 2 市民合意

### †市民の声とは何か

自治体の政治・行政に関わる人で、市民参加という考え方を否定する人はいない。いろいろな表現の仕方はあるかもしれませんが、基本的に自治体の政治・行政がその市民の意思に基づくべきものであるということは誰もが認めるところです。もちろん、ここに至るまでは戦後だけでも地方自治法施行七〇年の苦闘の数々があり、その一つひとつに思いを馳せる気持ちもありますが、ここではとりあえず市民参加という考え方を前提として出発します。

しばしば「市民の意見を聞いて」とか「市民と相談をして」「市民に説明をして」という言葉が為政者の口からも市民側からも出ます。それは全くその通りなのですが、実務に携わった人間から言わせると、どこに行ったら「市民の声」というものがあるのかわからない。正論と空論が紙一重の状態です。

では自治体の政治・行政における「市民の声」とは何なのか。つまり自治体の政策が市民の意思に基づくべきものであるとしても、具体的にどういう状態で市民の意思は形成されるのか。そもそも市民が合意するということがありうるのか。一口に市民と言っても、小さい市町村では千数百人、多いところでは三百数十万人もいるし、都道府県では一三〇〇万人余りの東京都があります。いったいこれだけの市民が一つの意思として合意することが可能なのか。

市民合意を調達するしくみは自治体の統治構造の大きな柱の一つです。自治体の統治構造が二元的代表制でできているということはすでに話しました。市町村長・知事と自治体議会という存在は市民の合意を形成するための大きな道具です。少なくとも制度的にはそうなっている。だが市民がそう思っているかというと必ずしもそうではない。それは第1講で紹介したアンケートなどからも明らかです。

そこで市町村長・知事はさまざまな市民参加手法を開発している。何か新しいことをするときに住民説明会を開催するのは当然のことになった。少し前までは想像できなかったことです。説明をするだけではなく、たとえば新しい公共施設を建設する場合には市民を交えた協議会を作って、意見をもらいながら進めるのも当たり前です。場合によっては市民団体が施設の運営に携わることもある。情報公開制度もパブリックコメントも普通になった。

ただそれでもあちらこちらでトラブルが起きている。窓口でのやりとりなど個々の行政サービスの実務については今後もトラブルがなくなることはないでしょうが、ここで問題にするのは政策に関する市民合意の調達です。ここで失敗すると、自治体の政治・行政全般に影響が出る。信頼感をなくすからです。

今、全国の自治体議会で議会改革が取り組まれている。現在の自治体議会改革の方向性は公開と参加です。すでに全国の自治体の四割以上が制定している議会基本条例に基づき、議会が各地域に出前して報告会を開催するなど、議会活動を広く周知して議会活動への理解を得る。それと同時に議会への市民参加を模索する。こういう試みが広がっています。

しかし一部では早くも限界が意識され始めている。議会報告会を開催してもほとんど市民が集まらない。どんなに議会改革を進めても議会議員選挙の投票率が低下する。そもそも議員のなり手がなく、かろうじて定数を埋めて無投票になる選挙が多い。さらに定数が埋まらずに欠員で無投票という事例まで目立ってきた。

議会基本条例を制定し、公開と参加の議会改革を進めることは重要ですが、もう一段深いところで何かが変わらなければならない。要は議会で市民生活や地域社会にとって重要なことが議論され決定されていない限り、市民は議会に関心を持たないし、持つ必要もないのです。それほど市民は暇ではない。暇ではないので税金というお金を拠出して、役場の職員を雇用したり、市町村長・知事や議会議員を選出したりしている。そのかわりいつでも辞めさせることができる。これが近代社会における政治・行政と市民との基本的な関係です。

## †住民説明会が紛糾する理由

そもそも市民が合意をするというのはどういうことでしょうか。私たちは一人ひとりが意思を持っている。それが尊重される。これが近代社会の前提です。一〇〇人いれば一〇〇通り、一万人いれば一万通りの意思がある。これらの意思が合意することはあるのか。

最初に思いつく市民合意の手法は多数決ですが、多数決には選択肢が必要です。

多数決の前に選択肢を絞る作業が必要になる。それが議論です。議論をやらずに多数決をしても、本当の意味での市民合意には至らない。自分の意思がどの選択肢に盛り込まれているのかがわからないからです。たとえば一万通りの意思を突き合わせてみると五つくらいの選択肢ができたというプロセスがないと、自分の意思がどこに反映されているのかがわからない。

議論というのは議論を通じて意思が変わることを前提としています。議論をしても意思が変わらないのであれば議論をする意味はない。他の人の意見を聞いて自分の意思がぶれることが大切なのです。こうして一万通りの意思が少しずつ折り合いをつけて五つくらいの選択肢に整理されてくる。少しずつ角が取れてくるということですね。

こういう合意調達のプロセスを公開で深めていくのが本来の議会の役割です。たまに、議会なんていらない、市町村長・知事と役場だけがあればいいという意見を聞くことがあります。しかしそれはよくない。なぜなら、現在でもほとんどがそうですが、市町村長・知事や役場からの提案は内部で一つにまとめられたものしか出てこない。選択肢がない。だから彼らは「住民説明会」をする。自分たちで考えた一つの案を住民に「説明」するのです。協議をするわけではない。

役場が一つにまとめた案は確かによくできていると思う。役場の中で会議を重ねて調整したものだからです。だがその過程は市民には見えない。後から情報公開で調べられるものもありますが、提案の段階では市民にとって唐突に出てくる。したがって「住民説明会」はたいてい紛糾する。役場側はすでに提案を一本に絞ってしまったので、修正する余地がほとんどなく、「ご理解ください」としか言えない。そうなるとますます市民は怒る。

ところが議会には必ず複数の議員がいる。つまり複数の意思が存在する。そこで公開の議論をすることで政策の正統性も、あるいは問題点も明らかになる。今、議会に政策提案機能が求められていますが、それは目新しい政策を条例化することが主な仕事ではない。市町村長・知事からの提案であっても、それに対して選択肢を提示し、争点化することが議会としての政策提案機能なのです。これは議会にしかできない。残念ながら多くの議会はそこまでの仕事をしていない。でも議会をなくしたらその仕事をするところがなくなる。やはり議会にはもうひとふんばりしてもらわなくてはならない。

## †妥協と納得

仮に十分な議論をして一万通りの意思から一つの選択肢が選ばれたとします。だからと言って一つの選択肢に込められた、たとえば二〇〇〇の意思が完全に合致しているわけではない。仮にその選択肢が多数決で選ばれたとすると、そこから除外された八〇〇〇の意思は不満に思うでしょう。それだけではなく、二〇〇〇の意思の中にも自分は少しずつ妥協した（してやった）という思いがあれば不満が残るに違いない。つまり合意とは不満の積み重ねにおいて成立する。合意形成とは誰もが不満を抱える状態なのです。逆に言うと、一部の人たちだけが完全に勝利するという合意形成は民主主義としてはかなり怪しい。

　では不満を持った人はどうするか。もう一度最初から議論をやり直せという人がいてもおかしくない。結果的に選択された政策を実施してみたらうまくいかないということになれば、それ見たことか、ということになります。問題は選択された結果に対して、自分の意思とは違うけれど「しかたない」と納得するかどうかです。合意形成は必ず不満を呼ぶ。ただその不満を持った人も納得できるかどうかが合意形成の分かれ道になる。

　納得するためには何が必要か。それがプロセスです。あらかじめ定められたプロセスをきちんと踏んでいるか。公開の場で十分な時間をかけて議論が進められたか。その上で自分の意思を含んだ選択肢が少数派であれば、納得せざるを得ない。もちろんそれでも納得しないという人はいます。だから一〇〇%の納得はありえないかもしれないが、可能な限り多数の納得が得られるためにはプロセスが重視される。

　前に触れたように「正しい」政策はない。そもそも政策は将来を予測するものなので、最初から不確定要素が入り込んでいる。ではその政策の正統性、つまり現状ではもっともベターな選択であるとみんなから承認されるためには、プロセスが大事になるのです。どのようにしてその政策を選択したのかという過程こそが政策の正統性を証明する。政策決定までのプロセスが見えなかったり、あるいは過程を飛ばしているような政策、たとえばトップダウンで進められているような政策には市民の支持は得られない。このことを自治体の政治・行政に携わる人たちは肝に銘じておく必要がある。

## †市民の直接参加

自治体の政治・行政に市民が直接関わる方法がいくつか制度化されています。代表的なのは選挙で、二〇一六年から一八歳以上が選挙権を行使できるようになった。選挙のことは多くの人が知っていると思うので本書では割愛します。

請願や陳情も比較的多く行われている。身近な地域問題もよく取り上げられます。ただ、組織による全国的な課題についての請願・陳情も多く、また自治体によって請願・陳情の処理方法も異なるので、必ずしも多くの市民が関心を持っているわけではない。

監査請求もあります。これは「事務の監査請求」と「住民監査請求」に分かれていて、比較的簡便なのは後者の「住民監査請求」です。ただしこちらは自治体のお金の使い道についてだけ問えるので、テーマの制限があります。でも自治体の政治・行政でお金に絡まないことはほとんどないので大部分の業務については請求可能です。

ニュースになりやすいのは解職請求と解散請求です。問題のある市町村長・知事や一定の幹部職員に対して解職請求をすることができる。リコールというやつですね。また議会に対しては解散請求をすることもできる。ただし、いずれもかなりの量の署名を集めなくてはならず、またその署名によって自動的に解職と解散が決まるのではありません。改めて選挙と同じ方法で投票をして過半数を獲得しなければならない。しかも市町村合併が進んで、一自治体当たりの人口が増え、その結果、集める署名数も格段に増加するなど、市民にとってはハードルがますます高くなっています。

実際に解職請求や解散請求がまとまって投票まで至ったケースを見ると、人口二万五〇〇〇人以下の自治体が大部分を占めていて、それ以上の人口規模の自治体では、例外はあるものの事実上機能しなくなってきている。市民の直接参加を機能させなくするために市町村合併を進めたのではないかと思えるくらいです。

もう一つ話題を呼びやすいのは条例制定請求というものです。条例は市町村長・知事から提案されるのがほとんどで、少しだけ議会側から提案されるというのが現状ですが、市民も条例制定の提案ができます。これもかなりの署名数が必要で、それだけでもたいへんなのですが、そこまでできたとしても、市町村長・知事が意見を付して議会の審議にかけられる。一般的に、市町村長・知事や議会がなかなか提案しないので市民がしびれをきらして条例制定を請求することが多いので、署名が集まっても市町村長・知事が反対の意見を表明し、議会が否決してしまうことがほとんどです。

いずれも時間と手間がかかるというのが難点です。たとえば織田信長の安土城があったところとして知られている滋賀県安土町《あづちちょう》では、近江八幡市と合併する過程でこういうことがあった。合併話が急浮上すると、二〇〇九年三月、合併に疑問を持つ住民は所定の署名を集めて合併の可否を問う住民投票条例の制定を直接請求しましたが、議会はそれを否決する。そこで市民は住民投票に否定的な町長に対する解職請求を始めた。ところがその最中に町議会は合併議決をしてしまいます（六月一五日）。町議会の議決を受けて、その一カ月後には県議会が合併を議決します。

一方、町長への解職請求署名が集まり、八月二三日に住民投票が行われ、四一三七票対二七八七票で町長リコールが成立します。町長リコールを受けて新しい町長を選ぶ選挙が一〇月四日に実施され、合併反対を唱える町長が当選する。ここまでで半年以上が過ぎている。そこで早速新町長は住民投票条例を提案しますが、議会が四対五で否決する。これに対して市民は議会議員に対する解散請求を始め、これも署名が集まります。

翌年二月一四日に解散の是非を問う住民投票が行われ、三〇四四票対二五八六票で解散が成立。この結果を受けた議会の議員選挙が三月一四日に行われ、選挙結果は町議会も合併反対派が多数を占めることになりました。つまり町長も町議会も合併反対の立場になった。ところがすでに県議会が議決していたため、その三月末に合併する。つまり合併に反対する町長と町議会のもとで合併が遂行されたのです。

この一年間弱で、町民をあげての署名が三回、住民投票が二回、選挙が二回の計七回ほどのハードルがあり、そのすべてで合併反対派が多数を占めたのに、安土町は合併してしまったのです。同じようなことは青森市に合併した浪岡町でもありました。ある程度、時間がかかるのはしかたないとしても、その間に事態が進行してしまうことを停止するような制度変更が必要ではないのか。

## †住民投票

住民投票も市民の直接参加の道具です。少し前には二〇〇五年を前後する平成の大合併をめぐって住民投票が活用されました。最近では市庁舎の建設場所や公共施設の建設について住民投票が行われている例がいくつかあります（二〇一五年高島市、壱岐《いき》市、つくば市、新城《しんしろ》市、二〇一六年南アルプス市など）。一九九六年、新潟県巻町《まきまち》（現新潟市西蒲区）で行われた原発建設についての住民投票が嚆矢《こうし》とされていますが、実際には昭和の大合併のときにもあちらこちらで住民投票が行われていた。

住民投票には先ほどの条例制定請求のように市民側から提起されるものと、市町村長・

知事側から提案されるものがある。市民側から提起されるものは議会で否決されがちでなかなか実現には至らない。一方、市町村長・知事側から提起される住民投票はスムーズに成立することがほとんどですが、気をつけないと市町村長・知事がやりたいことを市民に追認させるために行われることがある。政治的に利用されるということですね。

法制化されている住民投票もいくつかあります。先ほどの解職請求や解散請求に関する住民投票のほかに、第5講で触れますが、憲法第九十五条に特定の自治体についての法律を定める場合には住民投票をしなくてはならないということが決められている。その他の法律ではいまのところ二つあります。一つは市町村合併に際して合併の協議会を設立することについての住民投票です。もう一つは最近できたもので、大都市に特別区を設置する際の住民投票です。

これらのように憲法や法律で定められている住民投票はその結果が即、自治体としての意思決定になる。これで決まり、ということです。ところが現在行われている大半の住民投票は諮問型と言って、あくまでも政策選択の参考にするためのものになる。つまり決定権は議会や市町村長・知事にあるということです。もちろん結果を尊重しないような議会や市町村長・知事は政治的な責任を負わなくてはならず、職を辞すくらいの覚悟が必要になる。逆に言えば、職を辞すつもりなら住民投票の結果とは違う決定をされても市民は対抗しようがありません。

歴史的に見ると興味深い住民投票もありました。たとえば実は地方自治法の中にも住民投票で政策選択をするという制度があった。それは戦時中の市町村合併について、戦後、当該地域の住民投票によって合併を元に戻す（分離）というものです。戦時中の市町村合併は戦時体制強化のために強引に進められたものが多く、それをチャラにするという意図がありました。現在でも市町村分離は可能ですが、合併後の自治体議会全体の中で多数の賛成が得られないとできない。ところがこの住民投票は合併前の地域の賛成多数で分離できた上に県議会のハードルも低くしている。この条文は実は現在でも生きています。普通の六法では省略されていますが、『地方自治小六法』のような専門的な六法には掲載されている。

警察法にも住民投票制度があった。戦後、旧警察法によってすべての市と一部の町村に自治体警察が置かれた。ところが財政負担が重くなり、返上したい自治体が増えてきた。そこで住民投票を実施して自治体警察を返上できるように一九五一年、旧警察法が改正されたのです。その後、現在のように警察は基本的には各都道府県に置かれることに変わりました。

住民投票こそ選択肢の作り方が重要です。原則として選択肢は一つで、それに対して○

か×かという投票にするのが一般的です。あれもあるがこれもあるといった選択肢にすると、アンケートか世論調査のようになってしまい、せっかく住民投票を実施したのに決められないという事態に陥りやすい。だから住民投票の最大の課題は選択肢を一つにまとめることであり、そのために住民が広く議論する場を事前に設定しなくてはならない。このプロセスが欠けると、住民投票は為政者に利用されるだけになりかねないのです。

## 3 市民参加

### †市民参加の理論と現実

自治体の政治・行政に直接市民が関わる事例を見てきました。繰り返しますが、市民参加を否定する人はもういない。ただし、現実の場面ではまだ繰り返し混乱が生じています。たとえば「市民参加」経験者からは、

・市民参加を盛んにすると議会がいい顔をしない
・市民参加といっても一部にすぎないという批判がある
・市民参加した市民の中で合意ができない

・市民参加の結果に沿えないとして、市長や議会が異なる判断をすることがあるという悩みが寄せられている。

また、役所（職員）の側からは、

・市民は視野が狭く、市民全体のことを考えるほどの意識や能力がない（わがまま）
・都市部ならともかく、地方部では市民は成熟していない（公募しても集まらない）
・これまでも地縁団体や地域団体の意見をきいている（市民の代表とは？）
・市民参加は手数がかかり面倒くさい（自分たちで考えたほうが早くてよいものができる）

というような発言が、陰に陽にささやかれています。

あるいは、「参加」「参画」「協働」「連携」というような言葉が、あたかも発展段階論のような言葉遊びとして使われている。最近では、役場（職員）の開き直り（逆ギレ）のような文脈で「自治体と市民とのパートナーシップ」が説かれるありさまを見ることまである。

これらの混乱は、市民参加の歴史と経験の浅さかもしれませんが、タテマエとしては確立されたはずの「市民参加」という概念を、現実の局面において分析し、整理することを怠ってきたということも言える。市民参加の論点を実態に即して整理することを通じ、具体的な場面における市民参加の問題を考えてみましょう。

## †市民参加は議会軽視？

理念としての市民参加を否定する議員はさすがにほとんどいない。市民参加の経験の少ない自治体でも「市民の声を聞け」というような質問や意見が議会で交わされています。ところが、いざ総合計画づくりや基本条例づくりを市民参加でとりかかろうという段階になると、議員の発言のトーンが変わってくる。「その市民はいったいどのような資格で参加しているのか」「市民全体を代表していないのではないか」「市民参加でつくりましたと案を持ってこられては議会で議論する余地がない」などの声が出始めます。極端な例になると「市民参加は議会軽視ではないか」とまで言われる。

よくよく考えると、そもそも議会というのは市民参加の本家です。市民参加を制度化したのが議会です。逆に考えれば、議会が市民参加の機能を果たしていないから、別の形で市民参加が試み始められている。

たとえばアメリカの基礎的自治体の議会の多くは、ひな壇に議員が並び、相対して市民の座席があります。議員同士も議論しますが、市民も議題に関して発言できる場合がほとんどですし、それが当然の座席配置になっている。議員も別に仕事を持っていますから夜間開催となる。したがって市民参加は議会の日常業務そのものと言ってもかまわない。お

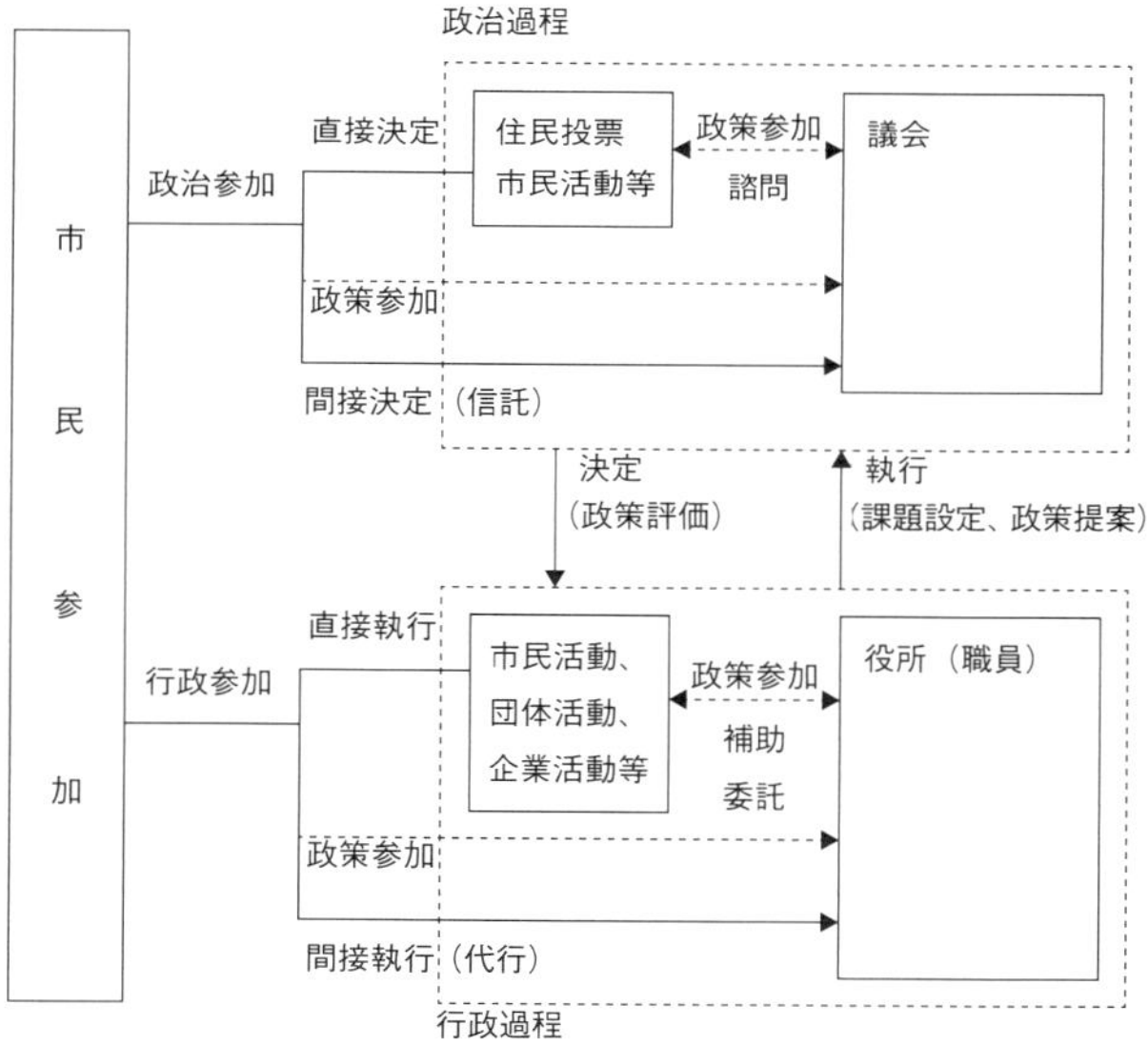


図 4-3　市民参加の概念図
＊政策参加＝課題設定、政策立案、政策評価等

そらく、幅広い市民の参加を得ながら、市民代表である議会が合意形成を図って行政をコントロールする責任を持つ、という構図になっている。

　もちろん、自治体の歴史的経緯や制度の違いもありますし、そもそも自営業者か資産家以外は議員になりにくいという日本の自治体議会の現実もあります。工夫の余地はあるような気がしますが、あしたからそうしろ、というわけにはいかない。

　では、日本の自治体制度の中で現実に進行している市民参加と議会との関係をどのように考えたらいいでしょうか。

## †市民参加の類型的整理

図4－3のように自治体における市民参加は、市民の政治参加と市民の行政参加に分かれる。もちろん、実態として政治（主として政策の決定機能）と行政（主として政策の執行機能）が分離して成立しているわけではなく、また関わる主体も二分化されるわけではありませんが、概念を整理する上で、このように分けて考えてみる。

たとえば、公園づくりや文化ホールづくりのワークショップなどは、市民の行政参加（のうちの政策参加）に位置づけられます。一定の執行条件の枠内で、行政プロパー（自治体職員やそこからコンサルティングを委託された企業や専門家など）だけでは不足する知識や技術を市民参加によって補い、結果として行政執行を豊かなものにしようとすることです。このようにしてできあがった公園の管理や文化ホールの運営の一翼を、市民活動団体が担うことも広く行われている。

一方、市民の政治参加でもっとも典型的なのは議員の選挙です（市民の信託による間接決定）。また法的に決定権が存在する住民投票も政治参加です（直接決定）。あるいは市民運動やその延長上に、たとえば、地域の消費者団体が地域政党を組んで議会に議員を出すような動きも政治参加です。

以上のような典型的な行政参加と典型的な政治参加の間に、どちらとも簡単には区別しがたい市民参加が多様に存在しています。ここに混乱要因の第一がある。

たとえば、自治体の総合計画づくりにおける市民参加は政治参加か、行政参加か。総合計画づくりは政策の決定でもなければ、政策の執行でもない。いわば政策の立案です。政策立案機能は政治にも行政にも存在します。総合計画づくりへの市民参加は、一見すると政治参加のように思えますが、実態は役所（職員）組織の長である市町村長・知事に対して意見を具申し、市町村長・知事が判断をして決定しているので、市町村長・知事の立案機能に収斂《しゅうれん》されている場合がほとんどです。したがって、現在、自治体で行われている計画策定過程の市民参加は行政参加（政策参加）です。

### †市民参加と議会との位置関係

政治参加と行政参加を概念的に区分するのは、決して参加形態の優劣をつけるためではない。政治参加と行政参加とでは政策主体間の位置関係が異なるからです。まさにここで市民参加と議会との関係が見える。

現在、日本の自治体で実態的に行われている市民参加は図4－3で言えば行政参加のうちの政策参加か、直接執行、あるいは間接執行経由の執行に関する参加となる。これらの行政過程全体は、議会を含む政治過程の決定に大きく規定されています(ただし、行政過程そのものも政治過程に対して課題設定や政策提案などの政策参加をすることがありますので、決して分離して存在しているわけではありません)。

このように考えれば、現在の市民参加が議会軽視などではないことがよくわかる。しかしこれだけでは議会が市民参加をおもしろくないと思う感覚を解決することはできない。解決方法は議会も政策参加を進めることにある。これまで議会では個別の議員活動は盛んでしたが、議会活動はほとんどありませんでした。本会議でさえも「代表質問」「一般質問」で大部分の時間を費やしています。本来の機能である「討論」は省略されることさえ多くありますし、全員協議会や幹事会などの非公開の場所で済ましてしまうこともある。議会が市民参加の制度化という機能を果たすためには、市民の信託を受けた議員同士が討論して選択肢を提示し、妥協しながら合意を目指すという作業を公開の場で行うことが第一です。

第二には、そこにも市民の政策参加を求めるということです。たとえば議長の諮問機関を設置し、専門家や利害関係者、公募市民などの意見を聞き、知恵を借りる。基礎的知識から重要課題に至るまで、政党・会派を超えた議会としての研修や研究を定期的に開催することも必要です。現実に議長の諮問機関を設置した自治体議会もありますし、会派を超えた勉強会を定期的に開催している自治体議会もある。

このようにすれば、議会の市民参加機能は高まり、同時にこれまで行われている行政参加の政策参加もますますしっかりとしたものにならざるを得ないでしょう。

### †市民同士が合意できない？

次に市民同士のことについて考えてみましょう。問題は二重に存在している。一つは、行政参加の政策参加において、集まってきた市民同士の関係についてです。もう一つは、集まってきた市民と集まってきていない市民との関係についてです。

まずは集まってきた市民同士の関係です。基本的に一人ひとりの市民には自己決定権がある。たとえば自分一人の場合、今日の昼食は何を食べるか、ということについて自分で決めることができる。家族で、あるいはサークルで、ということになればそれぞれの構成員の合意で決定可能です。もしも意見が分かれれば、何らかの方法によって妥協策がとられるか、あるいは分裂するかということになる。

行政参加の政策参加においても全く同様です。そのグループが決定できる範囲内においては、妥協するか、分裂するかを含めて、構成員の自己決定権の集合で決定することができる。もちろん、合意を目指すということは当然ですが、合意できなければ誰かが責任を取るというような性格のものではない。

一方、集まってきた市民と集まってきていない市民との関係はそう単純ではありませんが、基本的には同じ構造です。集まってきていない市民が集まってきた市民に対して、委任状を出したり、自分の意見の表明を委託しているわけではない。もちろん、集まってきた市民たちが、他の人たちの意見も聞きたいということで、討論会を開催したり、ネットで意見を求めたりすることはありますし、それは重要なプロセスです。しかし、それらに拘束されるわけではない。

したがって、集まってきた市民が市民全体を代表するものではないし、一部の意見であるのも当然のことです。だからこそ、集まってきた市民は自分の考えや個々の属性を踏まえて意見を述べてかまわない。むしろそれこそが参加の意義なのです。集まってきていない人に対して、そのことのみをもって批判する必要はありませんし、逆にそのような人の意見を推定しなければ発言してはならないということでもない。もちろん、こちらも合意を目指して努力するのは当然のことですが、あくまでも一人ひとりの自己決定権に依存しているわけですから、妥協や分裂を含めて、どのような結果もありうることです。

## †政治参加と行政参加における市民

なぜこのようなことが言えるのかというと、もう一度、図4－3に戻ってみるとわかる通り、政治参加と行政参加における市民の位置づけが異なるからです。政治過程と行政過程は相互に影響を及ぼす関係にありますが、大きくは政治過程が行政過程を規定しています。政治参加における市民と行政参加における市民とは、同じ市民という概念であり、実体的にも分裂していないにもかかわらず、異なる次元で理解しなければならない。

松下圭一さんは「自治体における市民参加はまさに市民自治による自治体の市民管理である。ここでは文字通り市民の自治体なのである」と書いている。このときの市民参加はおそらくは政治参加としての市民参加を意味している。「市民と職員との関係の《基本構造》は『協働』ではない。自治体理論では、ここをたえず確認しておかなければならない」という文言もその文脈でないと理解できません。

政治機能の側面において市民が主権者であることは疑いようがありません。民主主義社会においては、主権者である市民と肩を並べるような存在はない。市民から信託を受けている議会もそうですし、市民の代行機構である行政ももちろんです。したがって自治体における市民参加は市民自治による自治体の市民管理と同義になる。

しかし市民の行政参加においては必ずしもそうとは言えない。市民は行政執行のプロセスに参加しているのであり、行政そのものは市民の代行機構です。つまり、市民の行政参加とは、市民の代行機構である行政の執行過程の中に、さらに市民が関与しているという入れ子の状態のことをいうのです。したがって、市民の行政参加の場合には「市民」という存在を重層的に理解しなければならない。行政過程に参加している市民と、そもそもの行政過程を規定している政治過程における市民です。これが第二の混乱となる。

市民の政治参加というときの市民は政治主体としての規範概念です。もちろん、個々の市民が選挙をし、住民投票を行うのですが、それは規範概念としての市民の合意形成と意思決定のプロセスにほかならない。ただし市民とは決して理想概念ではありません。政策決定は無謬ではないということから市民でさえも常に免れず、したがって議論と合意の手続きが不可欠となるのです。

### †地縁団体の参加

市民の行政参加というときの市民も一種の規範概念であることはもちろんですが、この場合は一人ひとりの市民の意思が行政の執行過程に直接反映される。たとえば計画づくりの審議会委員として「学識経験者」「行政職員」「団体代表」などとともに「公募市民」の枠が設けられることがあります。しかし「公募市民」というときの「市民」には何ら積極的な定義は存在しない。あえて定義をすれば、所属団体等の意思を反映させる必要がない人ということになりますが、それも程度の差にすぎず、実際に人は社会と無縁に存在しているわけではありませんから、何らかの立場が反映されるのは当然です。

したがって、行政参加における市民は、個々の自分の意思に基づいて発言し、行動することが求められています。一人ひとりの強い関心や利害関係に忠実に発言し、行動してもかまわない。行政参加における市民が、役所（職員）にとって「うるさい」「協調性のない」存在であることはある意味で当然のことです。これを「市民が成熟していない」と見るのは誤りです。

ここで問題になるのは、旧来からの「市民参加」形態であった地縁団体（町会・自治会）や各種地域団体の代表者からの意見聴取と、現在、問われている市民参加の政治参加との関係についてです。特に地縁団体は網羅的で、かつ非選択的な地域組織とされていますから、そこで集約された意見は地域住民の総体的な意見として位置づけられてしまう可能性を持っている。役所（職員）はしばしばそのような地縁団体の意見をもって市民の意見とみなし、市民全体に対して拘束力のあるような取り扱いをすることがあります。しかし、これは三重の誤りを犯すことになります。

第一には、そのような地縁団体の意見は市民の意見の一つであることは疑いないものの、そもそも地縁団体は世帯単位の構成なので世帯主の意見に偏りがちになり、市民個人の意見の集約として相当に不十分であることです。政治的な意思というのは自立した個人にのみ帰属することで、たとえば「家族意思」「団体意思」「国家意思」のような漠然とした集団性に依拠するものではない。

第二の誤りは、地縁団体の機能縮小を見過ごすことです。そもそも地区内の共通課題の解決という必要に迫られて編成された地縁団体は、今でも一定の部分についてはその必要性が残存するものの、企業活動や行政機能の発展によって、少なからず機能が縮小していますこのことを見て見ぬふりをするわけにはいきません。

第三には、地縁団体の網羅性、非選択性という性格を、自治体行政が陥りがちな「全戸掌握主義」に結びつけてしまうことです。地縁団体は全戸参加だから、政治参加と同様に市民の総意を反映する、と都合よく解釈している。この「全戸掌握主義」の思考様式からの解放こそが重要と喝破したのは西尾勝さんでした。

西尾勝さんは「市民参加の究極の理想は全市民の総参加であるのか。市民参加方策はこの理想に向かって、一人でも多くの市民を捲き込んでいくべきものなのか。そうではあるまい。市民参加の究極目標は、政治に関心をいだき、参加を志向するすべての人々に有効な参加の機会を保障することであり、それで必要にして十分であると考えるべきであろう」と書いている。

### †市民参加の成果と行政の整理

市民参加で得られた結論を役所（職員）がアレンジをして成案とし、それを議会がさらに修正を加えるということはありえる話です。すでに説明したように、現在、各地の自治体で進められている市民参加のほとんどすべては行政参加であり、それは役所（職員）が素案を作成する過程への参加です。議会としては政策提案の一つとして受け止めるべき性格のものでしょう。

問題は、そもそも役所（職員）から諮問《しもん》されたにもかかわらず、その成果を役所（職員）が尊重しないときです。しかしこちらも一字一句違わず、市民参加の成果を役所（職員）の成案としなければならないということにはならない。行政参加における市民と役所（職員）との関係はそのようなものではないからです。これも政治参加との違いです。ただし、尊重義務は発生しますから、もし異なる部分があれば役所（職員）に応答義務があるのは当然です。その応答に対して、さらに市民の政策参加が行われるのも当たり前のことです。

市民参加をめぐる誤解と混乱の最大の要因は、西尾さんが指摘するように、市民参加は

「全市民の総参加」ではないというところにある。一見すると「全市民の総参加」が理想的な状態のように見えるが、むしろそのような発想をすると一人ひとりの意思をないがしろにすることにつながる。「市民の声を聞け」というのは当然のことですが、市民の声は一つにまとまった「集合意思」ではない。市民合意というのは一つの意思に統一されることではなく、一人ひとりの意思が少しずつ折り合いをつけていくことです。だから私たちはどの局面においても自分の意思に基づいて発言し、行動してもかまわない。それが市民参加の意義です。

市民合意への過程は公開・参加の原則に基づく「納得」に向けたプロセスです。その作業は代表者に仮託される。制度的にはそれが自治体議会の役割になる。本来、議会こそが市民参加の制度化だからです。もちろん市民合意への過程のどの場面においても一人ひとりの意思はネグレクトされることはない。

ただ残念ながら現在の自治体議会はそういう機能を果たしていない。それは個々の議員や議会が悪いというよりは、これまで触れてきたように、日本の地方自治制度の歴史に引きずられているところが多々ある。たとえば度重なる市町村合併によって自治体議員数が大幅に減少したことが象徴的です。全国各地で取り組まれている自治体議会改革に期待するとともに、私たちの自治体観の改革が必要かもしれない。

第5講

# 憲法と地方自治

## 1　主語は誰か

**†英文憲法**

この章では日本国憲法から地方自治のことを考えます。これまではなるべく現実の地域社会や市民生活から地方自治の意義について考えてきたのですが、究極的にはそれを保障するしくみが大切になる。その大元はいまのところ憲法です。日本国憲法で地方自治のことは次のように書かれている。

**第八章　地方自治**

第九十二条　地方公共団体の組織及び運営に関する事項は、地方自治の本旨《ほんし》に基《もとづ》いて、法律でこれを定める。

第九十三条　地方公共団体には、法律の定めるところにより、その議事機関として議会を設置する。

2　地方公共団体の長、その議会の議員及び法律の定めるその他の吏員は、その地方公共団体の住民が、直接これを選挙する。

第九十四条　地方公共団体は、その財産を管理し、事務を処理し、及び行政を執行する権能を有し、法律の範囲内で条例を制定することができる。

第九十五条　一の地方公共団体のみに適用される特別法は、法律の定めるところにより、その地方公共団体の住民の投票においてその過半数の同意を得なければ、国会は、これを制定することができない。

実は日本国憲法は英文にもなっていますのでそれもつけておきましょう。頭が痛くなる人もいるでしょうが、そういう人は飛ばしてもいい。後でポイントを説明します。ちなみにこの英文は誰かが勝手に翻訳したというものではなく、公式の英文憲法です。他の条文では日本語と英語との間にいろいろと微妙にニュアンスが異なる部分もあるらしいのですが、地方自治の部分はそれほど違うところはないと思います。それではなぜ掲載したのか。それは後ほど、憲法の制定過程を検証するためです。

CHAPTER VIII. LOCAL SELF-GOVERNMENT

Article 92.

Regulations concerning organization and operations of local public entities shall be fixed by law in accordance with the principle of local autonomy.

Article 93.

The local public entities shall establish assemblies as their deliberative organs, in accordance with law.

The chief executive officers of all local public entities, the members of their assemblies, and such other local officials as may be determined by law shall be elected by direct popular vote within their several communities.

Article 94.

Local public entities shall have the right to manage their property, affairs and administration and to enact their own regulations within law.

Article 95.

A special law, applicable only to one local public entity, cannot be enacted by the Diet without the consent of the majority of the voters of the local public entity concerned, obtained in accordance with law.

## †「地方公共団体」と自治体

まず第九十二条からいきます。ここでは「地方公共団体の組織及び運営に関する事項は、地方自治の本旨に基いて、法律でこれを定める」とある。最初から論点満載です。まず「地方公共団体」という言葉です。明治期に制定された大日本帝国憲法には自治体や地方自治のことは書かれていませんから、憲法上は初出の言葉ということになる。この本ではこれまで「自治体」という言葉を使ってきましたが、憲法の「地方公共団体」という言葉の意味する対象は「自治体」と変わりない。ではなぜ憲法には「自治体」という言葉が使われなかったのか。

「自治体」という言葉が明治期になかったのかというとそうではない。現在の地方自治法の起源とも言うべき「市制」と「町村制」という法律は一八八八年（明治二一年）に公布されました。なぜこのような法律を作るのかという説明文のようなものが「市制町村制理由」として公表されています。その中にはちゃんと「自治體（体）」という言葉が使われている。ニュアンス的に言うと町や村のことを指しているようです。

明治期には自治体という言葉を使っていたにもかかわらず、憲法は「地方公共団体」という言葉を使った。英文憲法を見ると、local public entities とありますから、そのままですね。戦後、初めての憲法草案は佐々木草案と呼ばれていて、一九四五年一一月二三日に東久邇《ひがしくに》内閣の近衛文麿国務大臣と法学者の佐々木惣一博士が天皇に提出したとされています。この佐々木草案では「自治団体」「地方団体」という言葉が使われています。ただしこの案は当時、公開されていない。

その後、GHQは日本に憲法改正の検討を指示します。これに応じて作成されたのが一九四六年一月に提出された松本草案と呼ばれるものです。基本的には大日本帝国憲法の骨格を維持していたので、地方自治については一切触れられていない。敗戦となって一部の高級官僚は失脚したとはいうものの、内務省を中心とする官僚機構は戦前のままですから、何か案を出せと言われても統治体制を改めるような発想は出ないし、出せなかったでしょう。これに失望したGHQは自ら憲法改正に臨む。そして一九四六年二月一三日に次のようなマッカーサー草案と呼ばれるものが出ます。

Chapter 8 Local Government
Article 86. The governors of prefectures, the mayors of cities and towns and the chief executive officers of all other subordinate bodies politic and corporate having taxing power, the members of prefectural and local legislative assemblies, and such other

prefectural and local officials as the Diet may determine, shall be elected by direct popular vote within their several communities.
Article 87. The inhabitants of metropolitan areas, cities and towns shall be secure in their right to manage their property, affairs and government and to frame their own charters within such laws as the Diet may enact.
Article 88. The Diet shall pass no local or special act applicable to a metropolitan area, city or town where a general act can be made applicable, unless it be made subject to the acceptance of a majority of the electorate of such community.

［外務省訳］（原文はカタカナ交じり文）

**第八章　地方政治**

第八六条　府県知事、市長、町長、徴税権を有する其の他の一切の下級自治体及法人の行政長、府県議会及地方議会の議員並に国会の定むる其の他の府県及地方役員は夫《そ》れ夫れ其の社会内に於て直接普通選挙に依り選挙せらるへし
第八七条　首都地方、市及町の住民は彼等の財産、事務及政治を処理し並《ならび》に国会の制定する法律の範囲内に於て彼等自身の憲章を作成する権利を奪わるること無かるへし

第八八条　国会は一般法律の適用せられ得る首都地方、市又は町に適用せらるへき地方的又は特別の法律を通過すへからす但し右社会の選挙民の大多数の受諾を条件とするときは此の限に在らす

地方自治の章のタイトルは、Local Government となっている。地方政府ということですね。この草案では自治体とか地方公共団体という言葉に類するものはない。metropolitan areas, cities and towns（首都圏、市、町）というように個々に並べていて、それを一括するような言葉は、Local Government 以外には見当たらない。この他に、prefectures（県）という言葉も一カ所あります。

このマッカーサー草案に対抗する形で日本側が二月二八日に案を出します。二週間後ですから、すばやい反応ですね。このときの章のタイトルは「地方行政（地方政治）」です。Local Government（地方政府）に対して、地方行政と応じた。ここらあたりにも戦前からの内務省体質がにじみ出ている。「政府」ではない、あれは「行政」だ、ということです。「政府」というのは意思を決定する主体というニュアンスが強いですが、「行政」というのは決められたことを執行するというイメージになる。そしてこの日本側草案の第一稿では「地方公共団体」という言葉が出現します。

「自治体」というのは能動的なニュアンスが強い。地域の人たちが集まって一つの組織を作り上げていくというイメージです。これに対して「地方公共団体」はニュートラルな印象です。あたかもどこかの業界団体のようですね。「政府」という強い感じはしない。日本側官僚機構としては国が決めた行政を淡々と執行してくれればいいという気持ちでしょう。

このあと両者が協議をして三月六日に憲法改正草案要綱がまとめられる。わずか一週間後です。そこに「地方公共団体」という言葉が残ったので、現在の憲法にもその言葉が使われています。つまり、GHQ側の案を日本側官僚機構が押し返したことになる。これは日本語でのニュアンスなのでGHQがどのくらい意識していたのかはよくわかりません。ただポジティブに考えると、「地方公共団体」というのはニュートラルな言葉なので、そこにどのような意味を込めていくかはその後の実践に預けられたと言えるかもしれない。本来は「自治体」と書かれるべきだったでしょうが、「地方公共団体」と書かれていても何かが妨げられているわけではないので、私たちはまさに自治体として考え、自治体として行動すればよい。

## †隠れた主語に「住民」

次の論点は主語です。日本語は主語を省ける。第九十二条には主語がない。形式上の主語は「地方公共団体の組織及び運営に関する事項は」ですが、述語は「法律でこれを定める」ですから、定めるのは誰かという話です。受身形にして主語を削っている。これに対してマッカーサー草案の主語は明確です。それは、inhabitants（住民）です。当然ですね。当然なのですが、日本側はそれを曖昧にしようとした。ここにも内務省体質が見え隠れする。私たちはこの条文に隠された主語が、inhabitants（住民）であることをいつも考えておかなくてはならない。この憲法を市民自治として運用するということから考えると、この主語の問題は極めて重要なポイントです。

次の論点は、「組織及び運営に関する事項」を法律で定めるということです。これはかなり異様な条文です。独立した意思を持っている法人として、おそらく一番自由にできることは組織をどのように設計するかということです。何をするかについては、場合によっては社会的に規制されることもないではないでしょうが、組織いじりは内部的な問題なので他者に干渉されることは少ない。自治体でもそうです。政策的に手詰まり感が出てくると、首長はすぐに組織いじりをしたがる。それは自分の意思でできることだからです。

ところがこの憲法では、自治体の組織や運営については法律で定めるという。つまり自治体の自由にさせないぞ、と言うのです。これは一般的な考え方、特に米国の地方自治を知っている人から見たらかなり異様です。行政法学者の塩野宏さんは米国の研究者がこの条文を見て「意味がわからない」と言っていたことを紹介している。実際に長い間、地方自治法には県庁にどういう組織を置くという条文が組織名を例示までして残っていました。一九九一年改正でそれが廃止されてからも、局や部の数が規定され続け（二〇〇三年改正で廃止）、さらに県が組織条例を改正したときには総務大臣に届けるという国の関与が二〇一一年まで残っていた。「余計なお世話」とはこういうことですね。

ただ見方によっては進歩だと受け取ることもできる。大日本帝国憲法ではもともと自治体は国家の行政機構の一端と考えられていたから、上位である国の機関があぁしろこうしろと言えばその通りにしなくてはならなかったところもある。それを「法律で定める」というふうに、少なくとも国民の代表者で構成される国会の立法過程を経た上での規制になったので、以前よりは自治制度という側面では進展したと言えないこともない。

もちろん、こう書いてあるからといって、国が法律をもって自治体の組織や運営に好き勝手に物申すことができるわけではありません。その歯止めとなるのが「地方自治の本旨に基いて」という一節です。地方自治に関して、この憲法の最大の論点が「地方自治の本旨」です。

## 2　地方自治の本旨

### †謎の言葉「地方自治の本旨」

ただ普通の人たちは「地方自治の本旨」という言葉にあまり気づかない。今はどうなっているのか知りませんが、私は中学や高校で憲法前文を暗記させられた。でも憲法の地方自治の章を学校で読んだ記憶はない。だから自治体職員になって初めて憲法第八章を読んだのですが、「地方自治の本旨」の意味がわからなかった。そもそも「本旨」などという言葉は一般の社会では使われない。国語として意味がわかりません。英文憲法では、principle of local autonomy（地方自治の原理）です。英文から理解すると「本旨」とは原理のことらしい。

そこで次の疑問が湧く。原理の内容は何かということです。原理に基づくと言われても原理の中身が示されていないのでは何に基づくかはっきりしないですね。憲法改正の国会審議の場でも、「地方自治の本旨と云ふのは、用語が極めて簡潔でありまして、それだけの持つて居ります意味の内容と云ふものは、必ずしも明確ではございませぬ」と内務大臣が答弁している（一九四六年七月九日衆議院帝国憲法改正案委員会）。「地方自治の本旨」というのは意味が明確ではないと提案者が白状しているのです。

その後に続く説明では「終戦後の我が國の國情から申しまして、總《すべ》ての面に於て民主化を圖《はか》ると云ふことに相成りまして、地方行政の上に於ても、大いに民主化を圖ると云ふ必要に迫られて居る」が、「地方制度を民主主義の線に沿つて改革をすると云ふことと、地方自治の本旨を伸張すると云ふこととは、私の信ずる所に依りますれば、異名同義と考へて先づ大差ないものと思ふ次第であります」とある。要するに、地方自治制度を民主化するのと「地方自治の本旨」は同じだと言う。言いたいことはわかるような気もするが、何を言っているのかはよくわからない。要するに、コアとなる概念の中身が空洞になっている。これもまたその後の地方自治の実践に委ねられたということです。

今、憲法や地方自治の教科書を開くと「地方自治の本旨」とは「団体自治」と「住民自治」だと書いてある。これが現在でも通説です。首都大学東京の木村草太さんによれば、こんなふうに最初に書いた教科書は一九四七〜五〇年にかけて刊行された法学協会『註解日本国憲法（上・中・下）』らしい。大学で新しい憲法を教えるために書かれた逐条解説ですね。しかしそう言われてもこれもまた日本語として理解できない。原理というのは考え方のようなものでしょう。確かに、「団体自治」とか「住民自治」というのは地方自治の構成要素かもしれないが原理そのものではない。「団体自治」「住民自治」というのは地方自治を分解してみせたということだけではないのか。

## †団体自治と住民自治

どうしてこんなふうになってしまったのかということに触れる前に、とりあえず「団体自治」「住民自治」を説明します。「住民自治」は理解しやすい。地方自治とは住民が物事を決めていくことだということです。わかりやすいですね。だから選挙を通じて代表者を選出したり、数多くの住民参加のしくみが用意されている。

これに対して「団体自治」とは自治体という団体を作ることで、国などの他の団体との関係において自立性を持つということです。もし自治体という集団を組まないとすれば、私たちは一人ひとりの存在ですから、たとえ国への参政権があったとしても、私という一人の存在と国とが向き合うことになる。国という存在の前に一人の個人などは簡単に吹き飛ばされやすいですから、いくら自分が主人だと言い張っても実質的にはそうはならない。そこで自治体という団体を組織することで国や他の団体に対する自治が保障される。

以上が「団体自治」と「住民自治」についての一般的な説明ですが、果たしてそうか。

たとえ団体として別人格を持っていたとしても、世の中には上位の団体の言うがままという団体がたくさんある。たとえば親会社―子会社という概念があります。役所のタテワリなどはもっと陰湿で高度な系列化と言ってもいいでしょう。だから「団体自治」が機能するためには、その構成員がこれは自分たちの団体であるということを実質化していないといけない。自分たちのことは自分たちが決めるということです。

つまり「団体自治」はそれだけでは成り立たず、「住民自治」が機能していなければ空文化する。その逆に「住民自治」だけがあってもそれを表現する場がなければこちらも空回りする。したがって「住民自治」と「団体自治」は一体のものです。もしそうだとしたら、「住民自治」と「団体自治」を分けて考える必然性はない。だからこの通説はかなり怪しい。

たとえば「二〇〇〇年の分権改革は団体自治を進めたが住民自治にはほとんど手がつけられなかった」と言われることがあります。しかしそれはおかしい。「団体自治」と「住民自治」を一体のものとすれば、どちらかだけが先行するということは考えられない。このように考えれば、「地方自治の本旨」とは「団体自治」と「住民自治」のことである、といった説明はただのトートロジー（循環論法）にすぎないということがわかります。グルグル回っているだけなのです。

## †地方自治の本旨＝憲章制定権

これまでのところを整理します。憲法第九十二条に出てくる「地方自治の本旨」という言葉について、当時の政府は特に明確な意味がないと言っていた。憲法制定後に作成された逐条解説で「地方自治の本旨」とは「団体自治」と「住民自治」の二つを実現することと書かれ、これが現在までの通説になっている。しかしそれはトートロジーにすぎないのではないか。

すると次に起きる疑問は憲法にどのようにして「地方自治の本旨」という言葉が入れられたのかというところに移ります。マッカーサー草案には「地方自治の本旨」に該当する言葉がないからです。これにも通説があります。佐藤達夫さんという人がいます。佐藤さんは当時四一歳で法制局第一課長という優秀な官僚でした。当たり前ですが戦前・戦中からの官僚です。この人がＧＨＱと協議しながら憲法草案を練った松本烝治《じょうじ》内務大臣の助手として憲法制定に大きな力を発揮したと言われている。

佐藤さんは戦後何回か論文やインタビューの形で憲法制定過程について回想をしています。そこで「第八章　地方自治」の制定過程について佐藤さんが言っているのは、一九四六年二月一三日に日本側が受け取ったマッカーサー草案に対し、「総則的の条文」があったほうがよくはないかと考えて「地方自治の本旨」という言葉を入れたということです。憲法の案文を作成した張本人がそう言っているのだから、以降はこれが通説になる。

ところがそれは少し不自然ではないかと疑問を呈する論文が出ています。憲法学者の佐々木髙雄さんは「地方自治の本旨」の条項が佐藤さんの説明するように「創作された規定」ではなく、もともとマッカーサー草案にあった住民による「憲章制定権の翻案規定」だとします。佐々木論文は史料を駆使した非常に説得力のある論文です。何よりもそう理解したほうがはるかに自然です。

ちなみに先ほど紹介した初めての憲法逐条解説と同じ時期に出た行政法学者の杉村章三郎さんの教科書では「地方自治の本旨」を米国の憲章（charter）から説明しているとのことです。したがって佐々木説は必ずしも新説でない。むしろ五〇年以上支配していた通説によってゆがめられてしまった「地方自治の本旨」についての理解を元に戻し、それを新しい資料で補強したものと言える。

具体的に見ていきましょう。そのためには次のようなマッカーサー草案の当該条項から始めます。

Article 87. The inhabitants of metropolitan areas, cities and towns shall be secure in their right to manage their property, affairs and to frame their own charters within such laws as the Diet may enact.

［外務省訳］

第八七条　首都地方、市及町の住民は彼等の財産、事務及政治を処理し並に国会の制定する法律の範囲内に於て彼等自身の憲章を作成する権利を奪わるること無かるへし

すでに説明しましたが、改めて主語が「住民」であることに注意してください。そしてその住民は「財産、事務及び政治を処理」する権利と、法律の範囲内で住民自身の「憲章を作成」する権利があると書いてある。この後者の住民による憲章制定権が本来の「地方自治の本旨」の意味だというのが佐々木論文です。もう一度現在の憲法第九十二条を引用してみます。

第九十二条　地方公共団体の組織及び運営に関する事項は、地方自治の本旨に基いて、法律でこれを定める。

さてこれらが同じ条文だとは思えないくらい変質している。先ほども触れたように「組織及び運営に関する事項」というのは自治権中の自治権であるにもかかわらず、「法律で定める」になっていておかしいと思っていたら、マッカーサー草案ではむしろ逆に住民の権利として明確になっている。こちらのほうが自然です。そして問題の「地方自治の本旨」ですが、住民の権利として掲げられていた憲章制定権が法律を制定する際の留意事項扱いに変換されている。

新しい憲法制定に関わっていた日本の官僚機構は戦前や戦中を支えてきた人たちで成り立っているので、基本的には地方自治をあまり認めたくない。国の支配にとって都合がよい程度には認めるけれど、その枠から外れてはだめだと考えていたのではないか。そうでも考えないと、短期間で時計の針を戻すような地方自治の案を提示するとは思えない。もちろんGHQの言うことにも配慮しなくてはならないから、憲章制定権の代替として「地方自治の本旨」という言葉を挿入するというテクニックを用いたというのが実態ではないかと推測できます。

### †憲章とは何か

そこで問題になるのが「憲章」とは何かということです。日本の地方自治制度にはないのでなかなか理解が難しい。むしろ米国の地方自治制度にしかないと言ってもいい。米国は州の数だけ憲法があり、自治体の数だけ地方自治制度があるということになる。ただ全体としては同じ傾向がありますのでこれから説明することもだいたいはこうだということで聞いてください。

米国の州は郡に分かれていて地域行政の基本はここで行われています。その他に学校区など目的別の自治体もありますが、ここでは省きます。したがって米国では日本のように全国どの土地も市町村に分かれているというものではない。米国は州に分かれていて州は郡に分かれていますが、市町村のような自治体がある地域とない地域があります。むしろ国土の面積から見れば市町村のない土地のほうが広い。たとえば人が住んでいないような山地が自治体である必要はないからです。日本的な感覚で言うと、そんな山あいの集落に住んでいる人たちへの行政サービスはどうなっているのかと心配になりますが、基本的には郡がやっているので問題はない。

しかし、ある特定の地域の住民たちが、自分たちでものごとを決めて地域行政をやっていこうではないか、そのほうが効率的でしかも自分たちの地域や生活の実態に即したことができると考えたとします。するとまず住民たちが集まって、自分たちが市町村を作ったらこんなまちを作ってこのように運営するという憲章を作成します。憲章にもいろいろな概念があるのですが、この事例はホームルールと呼ばれる憲章（charter）です。この「○○市憲章」が州議会で議論され通過すると、州知事が署名します。その後、改めて構成住民の間で住民投票が実施され賛成を得られると「○○市」が発足する。

もちろん米国でもいろいろな議論があり、これで完璧という制度ではないですが、いろいろと試行錯誤を繰り返しながら現在はこうなっています。しばしば批判されるのは、もし豊かな人たちだけで自治体を作ってしまえば困難な生活に陥っている人たちを助け合うことができないのではないかということです。米国はもとよりアジアやその他の地域でも、地域内の安全を確保するために塀で囲われ、入口に門があるという居住地（ゲーテッドコミュニティ）がありますが、それがそのまま自治体に転化したら貧富の格差が固定化されるという批判がある。この批判に対して反証する研究もないではないのですが、ここではとりあえず、米国にある憲章という制度とはこういうものだと理解してください。

まとめると、憲章とはそれぞれの自治体の政治のしくみ、行政のしくみ、課税、起債など基本的なあり方を規定するもので、住民たちが作成します。もちろん何もかも自由に決められるというものではなく、米国でも州の議会が認める範囲内ですし、マッカーサー草案でも「法律の範囲内」ということが明記されています。しかし日本側はどうしても住民の憲章制定権を認めたくなかった。そこで持ち出したのが「地方自治の本旨」というわかったようでわからない、内容も明確ではない言葉でした。

## †訳語詐欺

では、ＧＨＱは憲章（charter）という言葉がなくなってしまったことに気づかなかったのでしょうか。なんと日本側からの案には憲章（charter）という言葉が残っていた。ここがすごいところです。次の英訳は三月六日に双方で協議して合意した憲法改正草案要綱の英訳です。ここにははっきりと憲章（charter）という言葉がある。

Article 90. Local Public entities shall have the right to manage their property, affairs and government and to frame their own charter within such laws as the Diet may enact.

これまでの私の説明と違うではないかと思われるかもしれない。しかしよく見るとこの条文は現在の憲法第九十四条とほとんど同じだということがわかります。つまりここで charter と言っているのは、現在の憲法では「条例」という意味なのです。ということは、日本側は当初、「条例」の英訳を charter にしてＧＨＱ側に渡した。日本側の意図は、マッカーサー草案が提起した憲章（charter）についてはそのまま第九十四条に移行しましたよと見せかけることです。

ＧＨＱが憲法から住民の憲章制定権が消えてなくなったことに気づかなかったのは、憲法に関する議論が英語で行われていて、憲法の英訳文には charter という言葉が残っていたからです。こんなことが許されるのかと思いますが、憲法全体を一週間とか二週間でお互いにぎりぎりと調整していたので、こういう一つの訳語の存在は目立たなかったのでしょう。「条例」の英訳が現在の regulation になるのは、なんとそれから約半年近く経った八月二四日です。すでに草案作成時の責任者である内務大臣も交替した後で、いつのまにかすり替えられたという感じです。

しばしば現在の憲法はＧＨＱに押しつけられたという人たちがいますが、少なくとも「第八章　地方自治」の制定過程を見ればそんなことはないと断言できる。こうして詐欺まがいの技を駆使してまで、日本の官僚機構は自分たちの既得権益を守ろうとした。

しかし「地方自治の本旨」の内容が明確ではないということは、逆に言えば自分たちで内容を作っていけるということでもある。その目標は原点に立ち返ると住民による憲章制定権です。「地方自治の本旨」についてはここから発想しなければならない。

## 3　欺きの話法

### †町村総会の謎

先を急ぎます。次は憲法第九十三条です。ここには「議事機関として議会を設置する」ということと、長、議会の議員、法律で定めるその他の吏員は、その自治体の「住民が、直接これを選挙する」と決められている。ここでの論点は「議事機関としての議会」ということです。英文憲法で言うと、assemblies as their deliberative organs になる。なぜ普通に議会と言わなかったのでしょうか。ここもマッカーサー草案を見るとわかる。

マッカーサー草案では、local legislative assemblies とある。そのまま訳すと地方立法議会でしょうか。立法という形容語句がついている。つまり日本側が「議事機関として」とあえて付け加えているのは、立法機関という言葉を削るためということです。こういうことについて日本側官僚機構は徹底している。

もう一つここで微妙なことがわかる。あえて「議会を設置する」とあることです。これはマッカーサー草案にはありません。マッカーサー草案では、単に長も議員も選挙で選ぶということが書かれているだけです。書き加えるのであれば、議会と首長を置くと書かなくてはならないのに、なぜ議会だけを書き加えたのか。

ただし、この「議会を設置する」という一言に対して、現在の地方自治法は重大な憲法違反をしています。次の条文を見てください。

第九十四条　町村は、条例で、第八十九条の規定にかかわらず、議会を置かず、選挙権を有する者の総会を設けることができる。

憲法では「議会を設置する」とあるのに、議会を置かずに町村総会を設けることができるとある。少なくとも普通の国語レベルでは明らかに憲法違反です。解釈では、町村総会という議会だと思えばいい、ということになっているのですが、強引な解釈ではないかと思います。

また町村総会のほうが直接民主主義的なので憲法の要請を上回るからよいのだと、この条文を好意的に解釈する主張もありますが、これも無理がある。もちろん直接民主主義の手法のほうがよい場合もありますが、議会には議会ならではの特長があり、それを踏まえて憲法では明確に「議会を設置する」としているのですから、それを解釈で都合のよいほうに理解するのはどうか。

ではなぜこのような規定があるのか。一見するとこの規定は直接民主主義的で近代的なように見えますが、実は逆で、封建的な遺制なのです。明治の町村制という法律の次の条文を引き継いでいる。つまりこの条文は日本国憲法よりも前に原型があって、しかも現在の憲法を反映させた改正が行われていない。

第三十八条　特別ノ事情アル町村ニ於テハ郡長ハ府縣知事ノ許可ヲ得テ其ノ町村ヲシテ町村會ヲ設ケス選挙權ヲ有スル町村公民ノ總会ヲ以テ之ニ充テルコトヲ得

町村制が制定された時期の選挙制度は制限選挙でした。高額納税者など、公民と呼ばれる特定の人たちだけに選挙権があった。この後、納税額などの基準は次第に緩められ、一九二五年（大正一四年）に二五歳以上の男子に普通選挙権が認められるのですが、当初は選挙権を持つ人が少なかったのです。選挙権がなければ被選挙権もない。

ましてや当時の町村は現在に比べて人口が少なく、町村内に被選挙権を持つ人が少なかった。そこで多額納税者についてはその市町村の公民要件がなくても選挙権と被選挙権を与える制度まであった（市制・町村制第十二条）。これを「大地主選挙権」と呼びますが、なんとこの制度は新憲法に変わっても「特別選挙権」として地方自治法に残っていました。「市町村に対し特別の関係にある者」は申請により、「住所の要件にかかわらず、議会の議決を経て」選挙権が与えられていたというからすごいですね（制定当初の地方自治法第十八条第二項）。

いずれにしても、制限選挙で被選挙権を持つ人が少なかったから、選挙をしないでその人たちだけで総会を開いて議会に替えるということをした。戦後直後にも町村総会の事例がないわけではないので一定の役割を果たしたと言えるかもしれませんが、少なくとも現在の環境から見たら明らかに憲法違反です。修正が必要でしょう。

## †訳語詐欺・その2

第九十三条第二項では、長や議会の議員のほかに、「法律で定めるその他の吏員」も選挙で選ばれることになっていますが、現在はそのような法律がありません。ちなみに憲法第十五条には「公務員を選定し、及びこれを罷免することは、国民固有の権利である」「公務員の選挙については、成年者による普通選挙を保障する」とある。これを素直に読むと、憲法は公務員もすべて国民に選ぶ権利があると言っている。普通に日本語として理解すればそう読めますね。ここの「公務員」は日本語で通常使われる「公務員」ではないという解釈らしいですが、素人としてはややこしい。この第九十四条の後段も同じです。このままでは法律さえ決まれば、どんな立場の公務員（吏員）でも選挙で選べるみたいに読めますが、実態にはそぐわない。

この背景には「公務員」の定義がある。第3講で整理したように、「公務」に従事しているからといって必ずしも「公務員」ではありません。多くは「公務」に従事している職員です。つまり普通の労働者と大きく変わるところはない。もしそうであれば労働基本権や政治的行為が制約される謂れがない。憲法上の「公務員」の定義はかなり狭いものなので、「公務」従事者のすべてに対して労働基本権や政治的行為を制約している現在の各種法律は憲法が想定している公務員像から逸脱しているのではないか。

第九十四条には法律の範囲内で条例を制定できると書いてある。先ほど触れたようにこの「条例」の英訳は当初がcharterで、GHQに憲章制定権が残っているかのように錯覚させてきたものです。つまりこの第九十四条は、旧体制の日本側官僚組織によってGHQを欺くために創造されたものかもしれない。

マッカーサー草案の第八十七条は、憲法の第九十二条と第九十四条の二つに分解されています。第九十二条については前述の通りcharterを「地方自治の本旨」にすり替えている。そしてcharterという英語の単語を第九十二条に持ち込んで、それを日本語では「条例」に置き換えた。こうしてGHQにはあたかも憲章制定権が維持されているかのように見せかけて、成案が整った後に「条例」の英訳をregulationにしてしまう。こうするために、わざわざマッカーサー草案の第八十七条を二つに分解したのです。そうとしか考えられない。したがって、この第九十四条の主語も「地方公共団体」になっている。すでに触れたようにマッカーサー草案では主語が住民でした。

第九十四条のもう一つの論点は、自治体が「その財産を管理し、事務を処理し、及び行政を執行する権能」を有するというところです。マッカーサー草案で該当する箇所は、their right to manage their property, affairs and government です。日本語では行政とあるところが government となっている。普通、government というのは、政府、政治、統治と訳されます。行政というのは administration で、現に現在の英文憲法ではそのように書かれている。

なんとこれもまた先ほどの charter と同じように、一九四六年八月二四日にさりげなく government から administration に書き替えられたのでした。それまでの間、GHQはずっと government とあるから、政治という文言がそのまま使われていると思っていたのに、日本語ではすでに三月から「行政」になっていたという落ちです。日本の官僚機構は歴史的にこういうことが得意だったのですね。

## †「脱」憲法状態

さらに第九十五条です。ここは憲法違反を疑う事例が多い条文です。もう一度条文を掲げておきます。

第九十五条　一の地方公共団体のみに適用される特別法は、法律の定めるところにより、その地方公共団体の住民の投票においてその過半数の同意を得なければ、国会は、これを制定することができない。

特定の自治体を対象とした法律を制定するときは、該当する自治体の住民投票で過半数を得なければならないということです。冒頭の「一の」を文字通り「一つの」と解釈する考えもあるでしょうが、むしろ「特定の」というふうに理解したほうが自然ですし、憲法制定直後は実際にそのように運営されてきた。この内容はマッカーサー草案からずっと維持されています。したがって第八章の他の条文とは異なり日本側の官僚機構も当然だと考えていたのでしょう。

この条文の主旨は、国が勝手に特定の地域にのみ当てはまる法律を作ってはいけないということです。もしこんなことが可能になれば自治体には議会も首長もいらなくなってしまう。つまり自治体の政府としての意義やあり方が薄れてしまうので、自治体という制度を設ける以上、このようなことを規定するのは当然のことです。

この第九十五条に基づいて、憲法制定直後は住民投票が行われていた。広島平和記念都市建設法など全部で一五件の法律がこの住民投票によって成立しました。横須賀、呉、佐世保、舞鶴の四市に適用された旧軍港市転換法も住民投票にかけられましたので、「一の」というのが「一つの」という意味ではなく、「特定の」という意味であることがわかります。松江、芦屋、軽井沢といったように、かなりのピンポイントで法律が作られたこともわかって興味深い。

しかし、一九五一年八月を境に第九十五条に基づく住民投票は行われていない。どうしたのでしょうか。地域を限定した法律が制定されていないのか。いやそんなことはありません。たとえば二〇一二年に制定された福島復興再生特別措置法は法律のタイトルに福島とあるように「一の」自治体に適用される法律であることは明瞭です。しかし住民投票は行われていない。

どうも解釈が少しずつ変化してきているようです。一つは「適用される」という言葉の意味が、それぞれの自治体の組織や運営、権限などに関わるという解釈になってきた。つまり国の事務としての財政援助を定めるものは該当しないということになるらしい。ところが実際に住民投票が行われた法律のほとんどが国の財政援助に関する規定を盛り込んでいるので、少なくとも一貫性は見られない。

もう一つの抜け道は、あたかも特定の自治体に関することを決めているかのように見えるが、法律上は全国に適用されるものですよ、という法律の作り方をしておくということです。たとえば二〇〇六年に制定された道州制特区法（道州制特別区域における広域行政の推進に関する法律）は、明らかに北海道だけにしか適用されないものであり、現にそうなっているにもかかわらず、「北海道地方その他の各地方」という言い方で抜け道を作っている。姑息と言えば姑息ですが、要するに国は一九五一年以降、憲法第九十五条を順守しようとする気持ちがなくなったようです。一〇〇歩譲ったとしても、一九五一年まで行っていた住民投票に関する憲法解釈はこれから変えるよという国からのメッセージがなくてはならない。何の節目もなく、だらだらと「脱」憲法状態が進行している。

特にこの問題で大きいのは沖縄です。沖縄というタイトルのついた法律はたくさんありますが憲法第九十五条に基づく住民投票が行われたことはない。これらの法律の中には実質的に沖縄の人たちの権利を制約したり負担を課すなど、自治体の事務に影響のあるものがあります。第九十九条に「天皇又は摂政及び国務大臣、国会議員、裁判官その他の公務員は、この憲法を尊重し擁護する義務を負ふ」とある通り、もう一度、国の人たちは憲法を読み直し、憲法に書いてあるように政治や行政を執行してほしい。

## †憲法改正と地方自治

憲法改正をめぐる議論が始まりかけています。全国知事会でも継続的に研究が行われていて、独自の改正案が検討されている（憲法と地方自治研究会）。これまで述べてきたように、地方自治の部分については、マッカーサー草案のほとんどを日本側が跳ね返している。唯一、GHQの強いこだわりがあった知事公選については日本側が受け入れていますが、その他は詐欺まがいの手法を駆使してまで、日本側は自分たちの主張を貫いた。そういう意味では憲法改正論の一つの根拠である「押しつけ憲法論」はここでは当てはまりません。

仮に地方自治の分野で憲法改正が必要だとしても、現在の環境ではむしろマッカーサー草案に近いように改正することになる。たとえば「地方自治の本旨」を憲章制定権（地域の自己決定権）から導くとか、「地方公共団体」を「自治体」もしくは「地方政府」に改めるとか、主語を住民にするとかなどです。だがこれでは憲法改正論者の意図にそぐわないかもしれない。

確かに憲法を改正するのであればこれを加えてもらいたいとか、ここを直してほしいという事項をいくつか思いつきます。その代表的な事例が全国知事会も提言している自治体の国政参加権です。具体的には参議院議員を地方代表者と位置づけ、広域自治体単位で選挙をすることが検討されている。これは参議院議員選挙の選挙区に県をまたがる合区制が導入されたことから起きた喫緊の課題です。

しかし冷静に考えればわかる通り、これは地方自治の問題ではなく国政の統治構造の問題です。地域の自己決定権が確立すれば、ここまでして自治体が国政参加するまでもない。確かにフランスに典型的なように、たとえば知事を上院議員にして自治体代表者が国政に関与する例もあります。しかしその場合、上院は下院よりも国政における正統性が弱くなるので、権限としても下院より弱くなり、実質的には一院制に近づくものです。そういう国政の統治構造でよいのかが問われるのであって、本来は地方自治の問題として議論されることではない。地方自治としては、自治体のことは自治体で決める、国会で勝手に自治体のことを決めるなという方向性ではないか。

このように考えると少なくとも地方自治の分野では急いで憲法改正を要するような問題はなく、法律や制度でも解決可能なことばかりと言えます。もちろん憲法改正一般を否定するわけではないので、どこかで憲法改正が必要になったところがあれば、それにあわせて改正するというときのために研究を続けることは大切です。ただし、地方自治の分野から憲法改正を要望して、それが他の分野で思いもよらぬ改悪につながることは避けたほうがいい。

第6講

# 縮小社会の中の自治体

## 1　人口減少の要因

### †人口減少をめぐる錯覚

一時期「地方消滅」という言葉が流行りました。「日本の人口は減少する」↓「減少するのは地方だ」↓「それは地方から東京に人が移動するからだ」という理屈です。だから「地方から東京に人が移らなくてもいいように地方にミニ東京を作れ（地方中枢都市）」とか、「魅力的な地方を作って東京から移り住む人を増やそう（田園回帰）」とか、「いずれ介護が必要になる都市の高齢者が地方に住めるようにしよう（日本版CCRC : Continuing Care Retirement Community）」などといった対策が唱えられている。しかしこれで日本の人口減少が止まるとは思えない。一つひとつの政策は重要かもしれませんが、これらは人口減少という現象とは直接の関係がないからです。

「人口減少社会になったから保育園の待機児童が増えた」↓「保育園の整備など子育て環境を整えれば日本の人口は増える」といった卒業論文のレジュメを書いてきたゼミの学生がいたのでびっくりしました。冷静になって考えればわかる通り、子どもの数が減れば保育園の待機児童は減るはずです。しかし増えている。実は子育て世代の女性の就業者数にも大きな変化はないので、働く女性が増えたから待機児童が増えたとも言えない。保育園の待機児童が増えているのは人口減少や女性の就業者数が要因ではなく、家族環境とか、居住環境とか、経済環境とか、社会意識などの変化が原因なのです。

原因が違うのですから、対策を講じても目標を達成できるはずがない。もちろん保育園の待機児童対策はとても重要な政策ですが、それは人口増加や女性の就業率向上のための政策ではない。学生だから勘違いしたのかと思うとそうではありません。政府の説明がそうなっている。ニュースを見ていたら首相がゼミの学生と同じ理屈で説明していたので、二度、びっくりしました。二〇一五年九月に発表された安倍内閣の「新三本の矢」の第二の矢は、「夢を紡ぐ子育て支援」で「出生率一・八」を目指すことになっています。学生と同じ論理です。

どうも人口減少というテーマには誤解がつきもののようです。単なる誤解であれば正せばよいのですが、誤解に基づいた政策が遂行されると、ますます衰退を呼び込むということになりかねない。今はそういう状態です。そこで基本的なことを確認しながら、本当は何が問題なのかを考えてみましょう。

## †日本の人口減少と地方の人口減少とは違う

国立社会保障・人口問題研究所というところが五年ごとの国勢調査を基にした将来推計人口を発表しています。「推計」とはなっていますが、景気予測などに比べたらはるかに確度が高い。もちろん甘く見積もるか厳しく見積もるかという程度の違いはありますが、現在の出生率や平均余命を援用していけば、大きな傾向《トレンド》を外すことはない。日本の総人口の推移は図6－1のように推計されています。

確かに日本の人口が減少することは間違いなさそうです。仮に政府の少子化対策が功を奏して、あしたから子どもがたくさん生まれるようになったとしても、そもそも子育て世代の人口が少ないので、日本全体の人口が増加するためには二世代か三世代、高い出生率で循環する必要があります。そのように期待したい気持ちはわかりますし、そうなったらいいかもしれないとは思いますが、客観的には極めて可能性が低い。つまり、まず日本全体の人口が減っていくだろうということは与えられた条件と考えたほうがよさそうです。その中で何ができるか、を考えるほうが大事です。

日本全体の人口が減ることと、地域の人口が減ることとは別の話です。ここもはっきりさせたほうがいい。都道府県別に見ると、実はすでに多くの県がかなり前から人口減少に

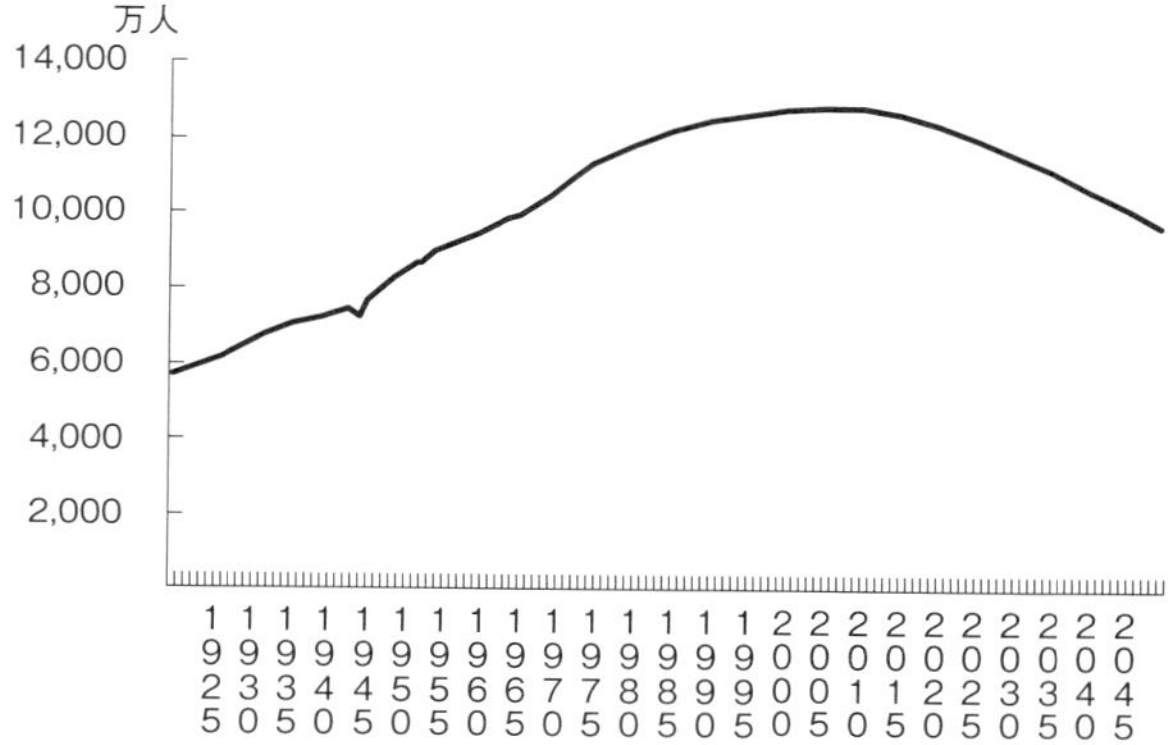


**図6-1　日本の総人口の推移**

〔出所〕2014年までは総務省による「国勢調査」およびそれに基づく「人口推計」、2015年以降は国立社会保障・人口問題研究所による「将来人口推計」に基づき筆者作成

なっています。三〇年前の一九八〇年代に人口減少が始まっている県が一六もあります。以下、一九九〇年代に始まった県が八、二〇〇〇年代に始まった県が一四、二〇一〇年代以降が四、その他二〇二〇年時点で人口が増加しているのは五となっています。つまり都道府県別に見ると人口減少はすでに二〇〜三〇年前から生じている問題なのです。これを市町村別に見れば、東京圏や県庁所在地などの中心都市を除いて、大多数の市町村もまた二〇年から三〇年以上、人口が減少し続けている。地方における人口減少は昨日や今日に始まったことではない。

　このことが何を意味するのか。それは地域の人口が減少しても日本全体の人口が増加する場合があるということです。つまり、日本全体の人口減少とは別の論理で動いている。日本全体の人口の増減は大部分が出生数と死亡数との差です。自然増、自然減と言います。それに対して地域の人口の増減の多くは、転入した人と転出した人との差です。社会増、社会減と言います。

ある地域からある地域に誰かが引っ越しをしたとしても、日本全体の人口は変わりません。だから日本全体の人口減少という問題を解決する方策と地域の人口減少問題への対応とは別次元の話なのです。「田園回帰」と呼ばれている地域への移住促進政策もまた重要な政策ですが、それは日本全体の人口減少を克服する対策ではない。ところが多くの人たちが混同している。

## †「結婚」という強固な規範

かつて「地方消滅」と煽った人たちは、「日本の人口は減少する」→「減少するのは地方だ」→「それは地方から東京に人が移動するからだ」と言っていました。「日本の人口が減少する」までは合っていますが、その後は間違っている。確かに人口減少が激しいのは東京より地方です。しかし地方は今になって人口が減少し始めたわけではない。もちろん日本全体の人口減少の原因ではありません。

日本全体が人口減少になっている要因は明らかです。それは晩婚化と未婚化です。図6

－2は生涯未婚率の推移です。男性は八〇年代後半から大きく伸び始め、女性も二〇〇〇年代から急速に伸び始めている。そもそも日本の人口ピラミッドのひずみは戦争によって引き起こされた。あらゆる意味で戦争は社会をゆがめます。戦争の反動でベビーブームが起こり、その子どもたちが第二次ベビーブームという波を緩やかに起こしますが、第三次ベビーブームは起こらなかった。その原因が八〇年代からの晩婚化と未婚化の進行です。

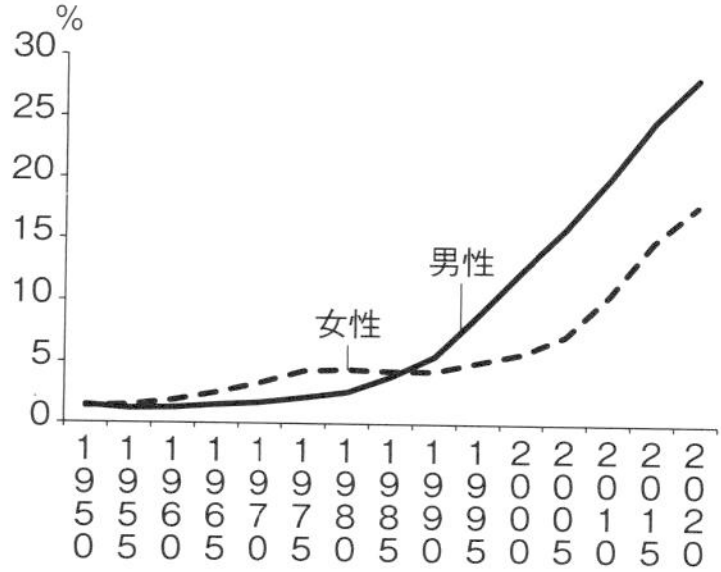


図6-2　生涯未婚率の推移
〔出所〕国立社会保障・人口問題研究所「人口統計資料集 2022」に基づき筆者作成

日本はいわゆる「できちゃった婚」が多いことで知られています。かつての社会ではほとんどの人たちが「結婚」→「出産」という順番をたどりましたが、今は「懐妊」→「結婚」、あるいは「出産」→「結婚」という事例が増えている。ただしこうした現象が起こるのは、「結婚」という制度がないがしろにされているということではなく、むしろ欧米と比較すると「結婚」という規範への縛りが大きいからだとも言えます。「結婚」という制度の規範力が強いので、順番は逆さになったとしても「出産」と「結婚」が現在でもリンクしているのです。日本では「結婚」しないで「出産」（→子育て）するといろいろな意味でリスクが高いと感じられている。

もし「結婚」について障害がある場合には「出産」を断念することも少なくない。日本では「結婚」という規範力が強いから出生率を下げているという可能性すらあります。だから制度としての「結婚」というハードルを下げる試み、たとえばフランスのような「同

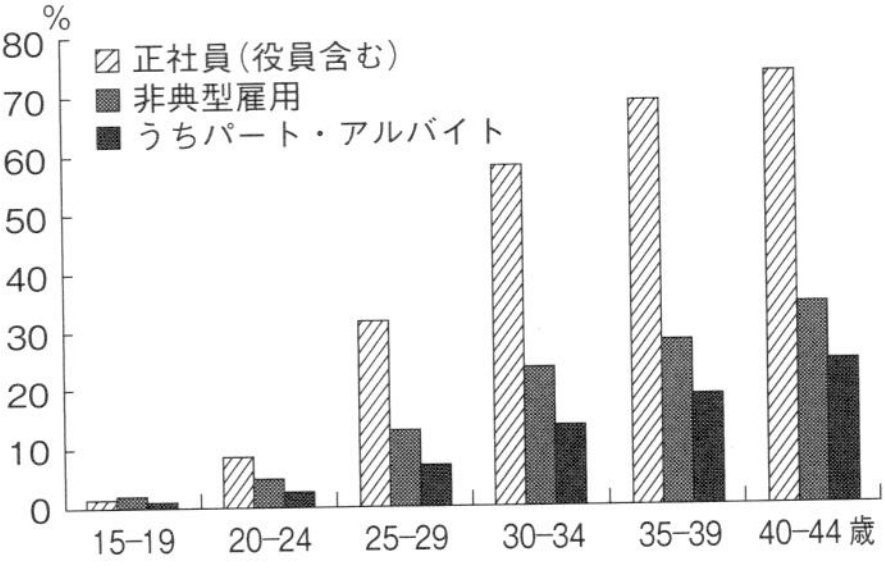


図 6-3　年齢段階別に見た就業形態別男性有配偶者率

〔出所〕労働政策研究・研修機構「若年者の就業状況・キャリア・職業能力開発の現状②」（2014 年 9 月）に基づき筆者作成

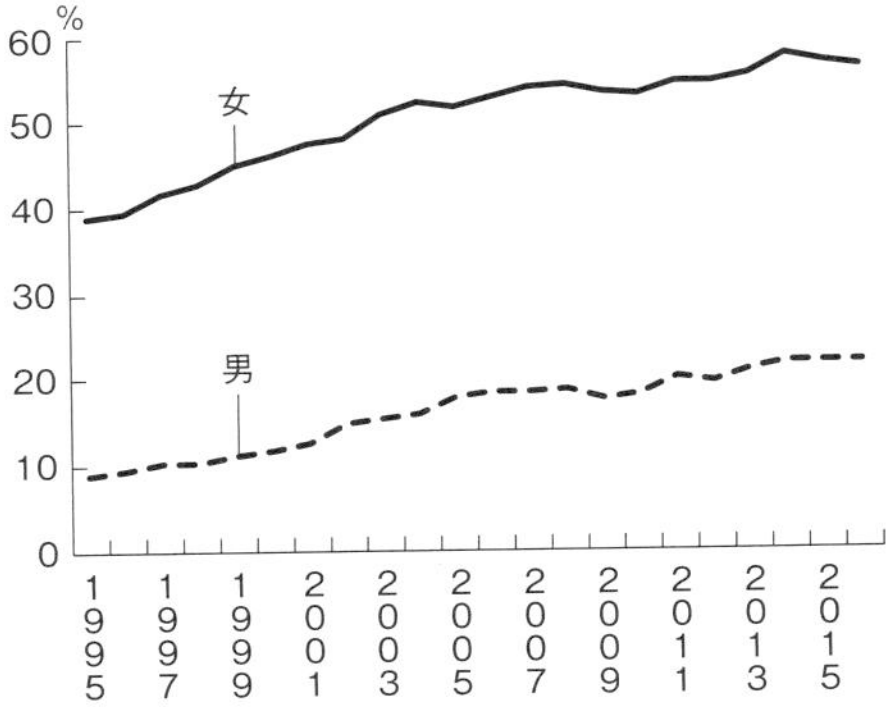


図 6-4　非正規雇用者比率の推移

〔出所〕厚生労働省「労働力調査」に基づき筆者作成

棲婚」を制度化するといった提案もあるくらいです。

どうして晩婚化と未婚化が進行しているのか、その要因は正確にはわかりません。広い意味での社会意識の変化であることは間違いないでしょうが、経済環境の変化という指摘もある。図6－3は就業形態別の男性有配偶者率を見たものです。正社員の有配偶者率に比べ、非典型雇用の人たちのそれが低いことは明らかです。図6－4の通り、非正規雇用者の比率は九〇年代半ば以降、ほぼ一貫して増加している。果たしてこのことがどの程度、晩婚化と未婚化にインパクトを与えているかはよくわかりませんが、一つの要因ではあるでしょう。

## 2　東京圏人口の固定化

### †人口減少と東京一極集中とは関係がない

日本全体の人口減少についてはここらへんで止めておきます。本書で問題にするのは、地域の人口減少についてです。「地方消滅」の論理では、日本の人口が「減少するのは地方だ」→「それは地方から東京に人が移動するからだ」という話になっていた。それは本当なのか。

図6－5は、非大都市圏から三大都市圏への転入超過数の推移です。転入超過数というのはその地域に引っ越してきた人たち（転入）から、引っ越していった人たち（転出）を差し引いた人数です。名古屋圏や大阪圏の転入超過数は七〇年代からプラスマイナスゼロのところを前後している。つまり、転入、転出という観点から見ると、ほとんど動きがないということになります。

問題は東京圏です。確かに東京圏は依然として転出より転入が多い。しかし先ほどの図6－1と比較してください。日本の人口の増減と東京圏への転入超過数が同じように変化しているかというと全く関係がない。日本全体の人口減少という問題と人口が東京圏に集まるということとは別の話だということがわかります。人口が東京一極集中するから日本の人口減少が起きているということはありえない。

さらにもう少していねいに見てみましょう。東京圏への転入超過数が一番多かったのは六〇年代です。七〇年代にそれが、がくっと落ちてからは、上がったり下がったりの繰り返しです。つまり一方的に人口の東京一極集中が強まっているわけではない。「地方消滅」の話を聞くと、ひたすら地方から東京に人口が流出していて、それが地方の人口減少の主因のように思えますが、そうではない。

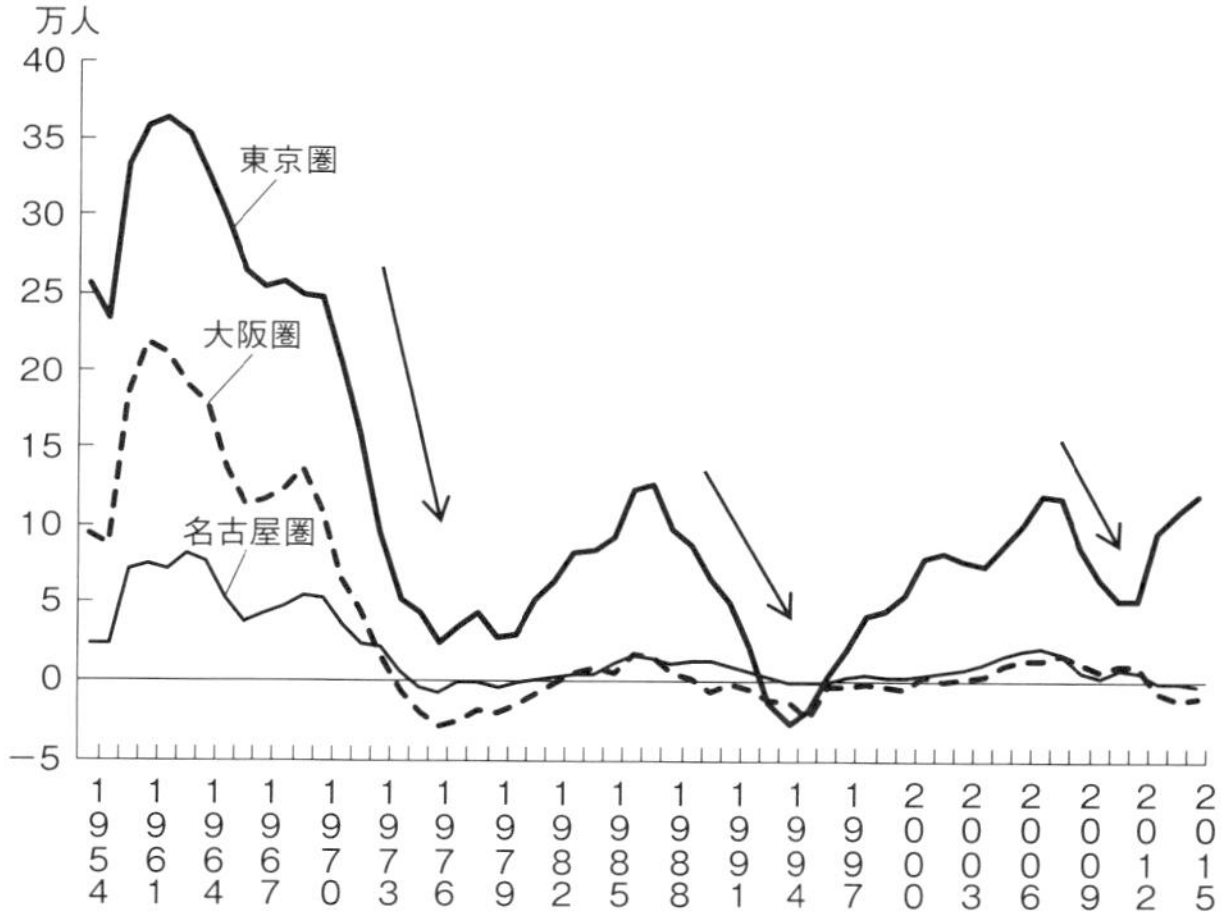


図6-5　非大都市圏から３大都市圏への転入超過数の推移

〔出所〕総務省統計局「住民基本台帳人口移動報告」に基づき筆者作成。大都市圏間の移動は含まれない。日本人についてのみ。本図の地域区分は次のとおり。東京圏：埼玉、千葉、東京、神奈川の１都３県。名古屋圏：岐阜、愛知、三重の３県。大阪圏：京都、大阪、兵庫、奈良の２府２県。

ではどんなときに上がったり下がったりするのか。図６－５には三つの矢印を入れてあります。転入超過数が下がるときはいわゆる景気が後退しているときです。左の矢印から順番に見てみると、最初は二度の石油ショック、次はいわゆるバブルの崩壊、三番目はリーマン・ショックの時期と重なる。九〇年代半ばには転入超過どころか転出超過になっていますね。東京圏から転出する人のほうが多かったのです。よく冗談のように言いますが、本気で国が人口の東京一極集中を止めたいのであれば景気を悪くすればいい、経済対策などもってのほか、ということになる。その証拠に、コロナ禍でまた下向きになっている。

## †東京圏への転入者は減っている

これをさらに分析するともっと興味深いことがわかる。図6-6は非大都市圏から東京圏への転入者数と転出者数の推移です。先ほどの図6-5はその差を見たものですが、ここではそれぞれの値を見ています。すると転入者数も転出者数もトレンドとしては七〇年前後をピークに減少傾向にあることがわかる。これをよく見れば、地方から東京圏にがんがん人口が流出しているから地方は消滅し、日本中の人口減少が起きているというイメージはない。それはウソだということがわかる。確かに図6-5は波を打っていましたが、図6-6の転入者数の変化はそれほど大きくありません。

特に九〇年代半ば以降の特徴は、転入者よりも転出者の動向によって転入超過数が変動していることです。つまり東京圏から転出する人が増えたり減ったりしているところに原因がある。先ほども言ったように原因を見誤れば対策も見当違いになる。人口が流動化しているわけではなくて、むしろ人口流動の量は減少している。

それでは、現在はどのような人たちが東京圏に転入しているのか。図6-7は年齢別に見た非大都市圏から東京圏への転入超過数です。一見して明らかですが、二〇歳前後の世代がほとんどです。働き手が仕事を求めて地方から東京圏に出てくるといった現象はほとんど見られない。二〇歳前後ということは、大学進学かあるいは新卒就職かによるものでしょう。現在の東京圏への転入超過はほぼこの二つの要因以外にはないと言ってもいい。

実は年齢別の人口移動報告は二〇一〇年以降しか集計されていません。だから図6-7のグラフが、これまでどのように推移してきたのかということは、データからは確認できない。そこでそれ以前からの推移を調べるためには国勢調査を活用します。国勢調査はアンケート方式なので、必ずしも正確な数字とは言えませんが、傾向は見てとることができる。国勢調査を使ったニッセイ基礎研究所の竹内一雅さんの研究では、二〇歳を前後する東京圏への転入超過数の絶対数そのものも極端に減少しています。一九九〇年と二〇一〇年を比較するとこの二〇年間に半減している。

現在の人口の東京一極集中の最大の要因はほぼ大学進学と新卒時の就職に限られますが、その絶対

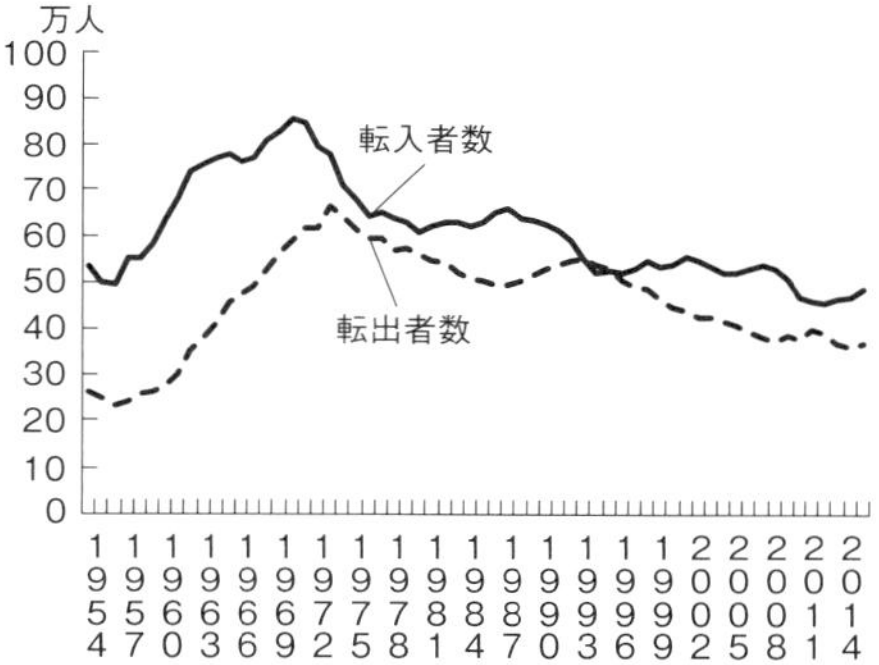


図6-6　非大都市圏から東京圏への転入者数と転出者数の推移

〔出所〕図6-5と同じ

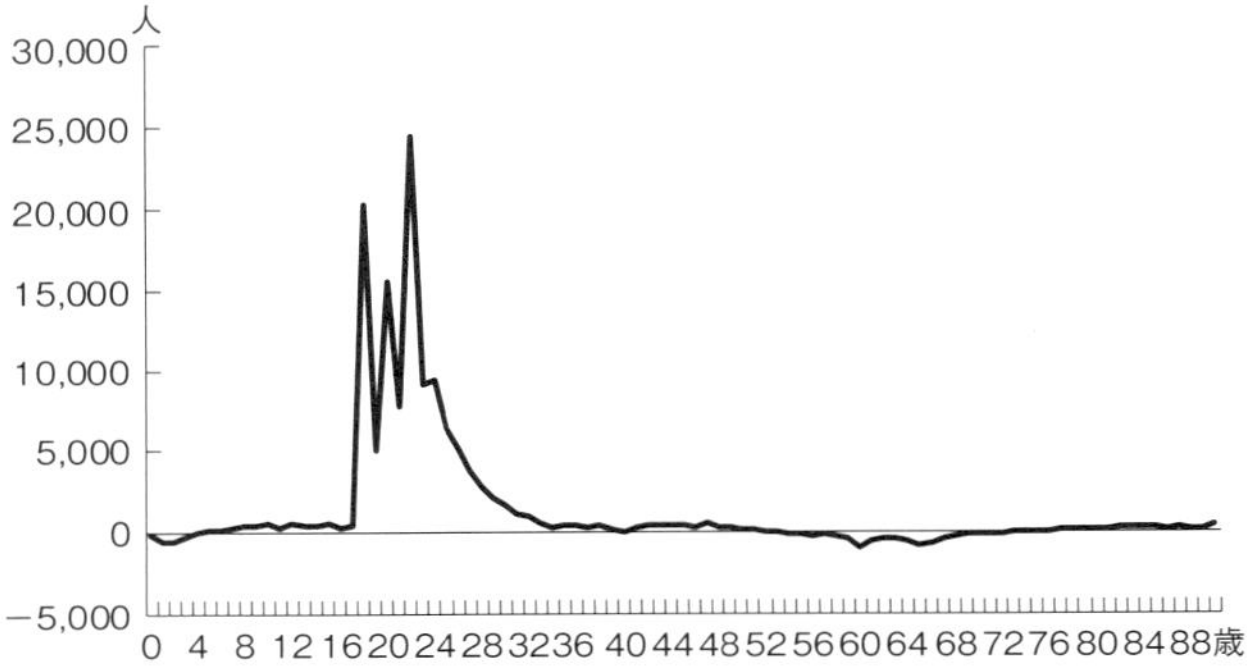


図6-7　年齢別の非大都市圏から東京圏への転入超過数（2015年）
〔出所〕図6-5と同じ

数も明らかに減少している。ここでも、人口の流動化というよりはむしろ逆に人口の固定化という現象が明らかになってくる。

## †東京圏内の地域再編

ここまで、人口の東京一極集中と呼ばれる現象は起きていないのではないか、むしろ人口の流動化は規模が小さくなりつつあり、東京圏の人口は固定化を示しているのではないかということを見てきました。しかし実際に東京の中心部を歩くと人であふれている。今でもあちらこちらで再開発が行われ、タワーマンションがニョキニョキ建っている。地方圏で生活をしていると、本当にこれが同じ日本なのかという気がしてきます。

そこで東京二三区に転入してきている人たちを調べてみた。それが図6－8です。なんと東京二三区に転入してきている人たちのうち、半数は東京圏からの転入者です。つまり現在起きているのは、規制緩和による再開発や都心の土地価格の低下によって引き起こされた東京圏の再編なのです。同志社大学の鰺坂《あじさか》学さんの研究によれば、その結果、タワーマンションに居住する人たちは高所得層に偏っている。それが「都心回帰」の現実です。

こうした現実は社会のひずみを生んでいきます。その象徴が大学進学率です。図6－9の通り、九〇年代には東京圏や非東京圏、非大都市圏の高校における大学進学率（短期大学や通信制大学を含む）にはそれほど大きな差がなかった。それが二〇〇〇年代の一〇年間で一〇ポイント程度の差がつき、ここ数年は差が固定化されています。非東京圏や非大都市圏の高校も大学進学率は上向いていますが、東京圏の高校に比べると伸び方が少ない。

一方、東京圏の大学の学生数と非東京圏の学生数の推移を比較してみると、いずれも増加傾向にあるものの、非東京圏の学生数の伸びのほうが大

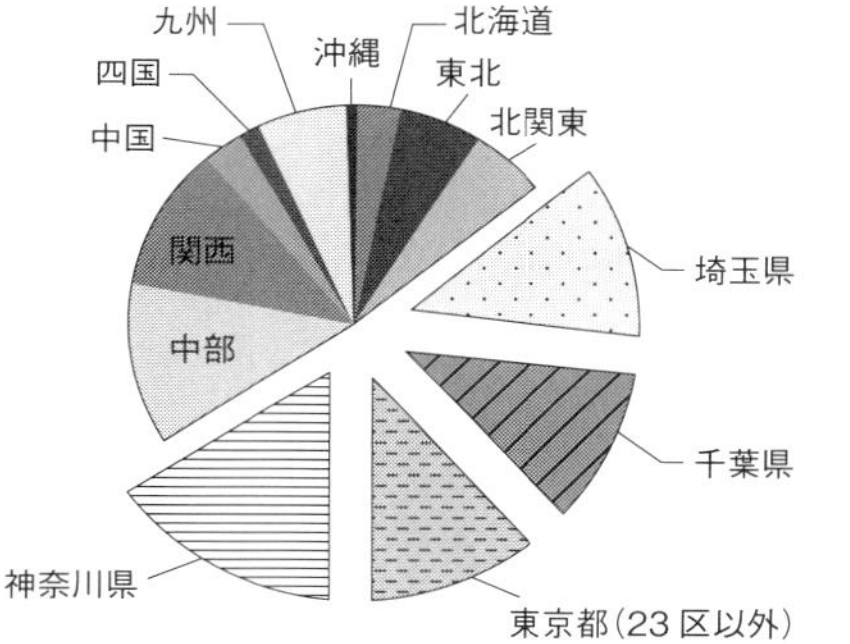


図6-8　東京23区への転入者の地域別前住所地の割合（2015年）
〔出所〕図6-5と同じ

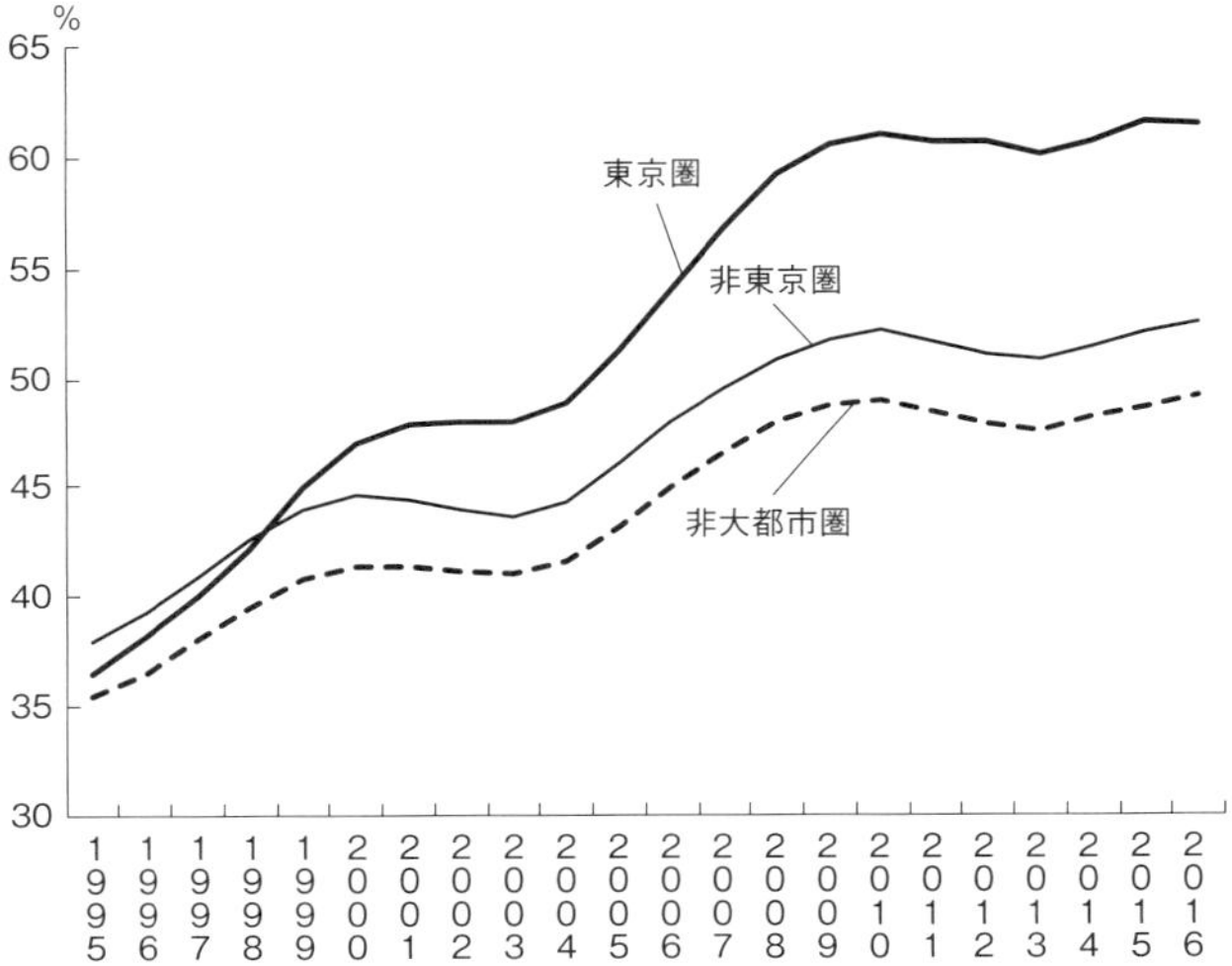


図 6-9　大学進学率の推移
〔出所〕文部科学省の各年「学校基本調査」から筆者作成（2016 年は速報版）。東京圏は埼玉、千葉、東京、神奈川の１都３県、非東京圏は全国から東京圏を除いた道府県、非大都市圏は全国から東京圏、名古屋圏（岐阜、愛知、三重）と大阪圏（京都、大阪、兵庫、奈良）を除いた県。

きい。つまり非東京圏のほうにより多く大学生が増えている。このことも東京圏への二〇歳前後の転入者数が減少する要因になっています。

この二つの数字の変化はもう一つ別の憂慮するべき現象をもたらします。それは東京圏の大学では、東京圏の高校から進学する学生の割合が高くなるということです。図6-10はそのことを示している。八〇年代半ばから九〇年代半ばにかけて踊り場状態がありますが、現在では東京圏の大学の七割近い学生が東京圏の高校出身ということになる。私が学生だった七〇年代には二人に一人以上が非東京圏の高校出身者だったのに、今は一〇人に三人近くまで減っているということです。

このことがどういう影響を与えるかということは推測の域を出ませんが、東京圏の大学生の多様性が失われる傾向にあるということは言えるでしょう。たとえば私は大学生の夏休みには、友だちの実家を泊まり歩きながら国内を旅行したことがあります。また私は寮にいたので、鹿児島や熊本の友人たちが本気を出して方言を話すと全く理解できないという体験もしました。もちろん今でもそういう経験ができないわけではない。ただ機会は減少するのではないか。

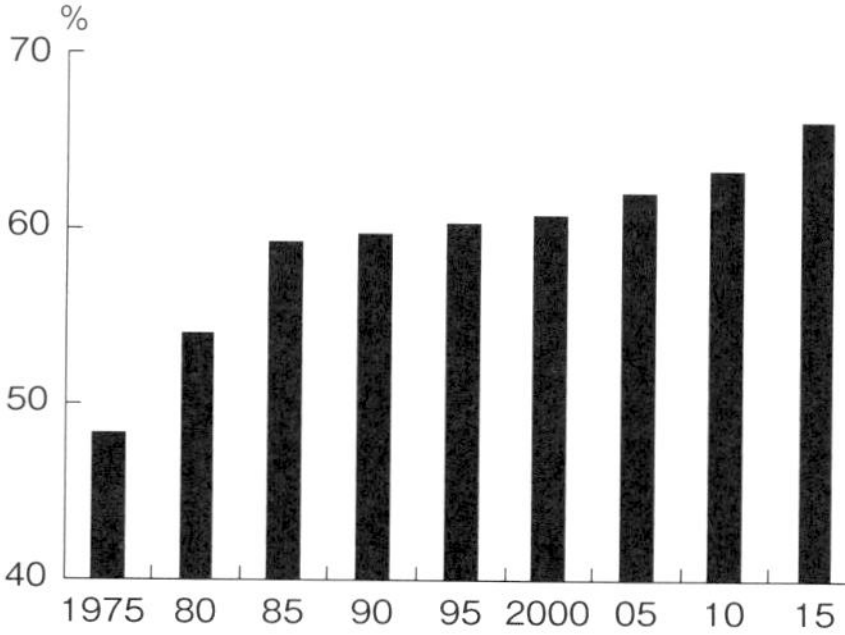


図 6-10　東京圏の大学における東京圏内高校出身者の割合の推移
〔出所〕文部科学省「学校基本調査」に基づいて筆者作成

これまで述べてきたように東京圏と非東京圏・非大都市圏との間の人口流動性が低下してくると、東京圏の高校を卒業した人たちが東京圏の大学に入り、東京圏の企業や官庁に就職して、非東京圏・非大都市圏を含めた日本全体の企業活動や行政活動を主導して展開するケースが増えてくるでしょう。「東京目線」の政策が増えるかもしれない。もちろん、だからと言ってそれが必ず悪い結果をもたらすとは限りませんが、よくない結果をもたらす確率は高まる。全国に埋もれているはずの才能を見出す機会を失い、東京圏ばかりではなく日本全体のイノベーション力が低下するかもしれないからです。

## 3 拡散政策が導く一極集中

### †「現金」生活における格差

九〇年代末以降、どうして東京圏と非東京圏・非大都市圏との間にこのような差が生じてしまったのか。もちろん大学に進学するか否かということは選択の問題です。大学に進学しないから問題があるということではありません。ひょっとしたら非東京圏や非大都市圏の人たちは大学進学よりも豊かな選択をしている可能性もある。しかし一般的に考えれば、非東京圏・非大都市圏の高校生は選択の幅が狭められている可能性のほうが高いでしょう。「強いられた選択」になっているのかもしれない。

想定できる要因の一つは経済格差の拡大です。的確なデータはなかなか見当たりません

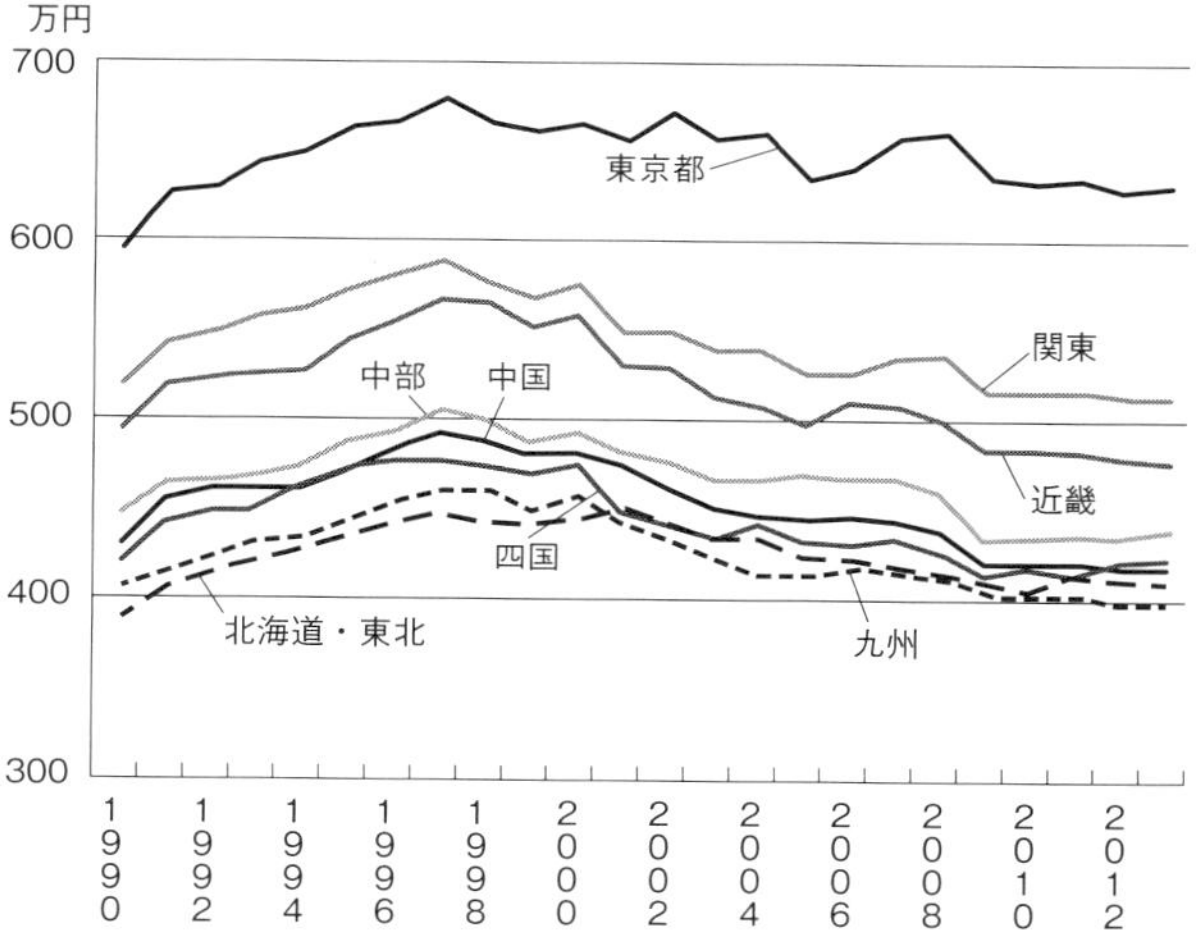

図6-11　1人当たり雇用者報酬
〔出所〕内閣府「県民経済計算」に基づいて筆者作成

が、内閣府が公表している県民経済計算によると、一人当たりの雇用者報酬に地域差が出ていることがわかる。それが図6-11です。

もともと東京都の雇用者報酬は全国的に見ても高いのですが、二〇〇〇年代に入ってから他の地方との差が開いていることがわかります。東京都がほぼフラットに推移している一方で、他の地方が軒並み低下しているからです。関東には東京都が含まれるので、やや東京都に引きずられていますが、その他の地方はがくんがくんと落ちている。一番低い地方と東京都とでは雇用者報酬に一・五倍くらいの違いが生じている。片方が八万円とすれば、片方が一二万円ということです。

これに対して、たとえば国立大学の授業料はほぼ全国一律です。東京の私立大学も出身地で授業料が違うということはない。東京圏出身の学生でも北海道・東北出身の学生でも授業料は同じです。地域の平均収入が低ければ、それだけその地域の大学進学率のハードルが上がるという結果につながるのです。八万円の人と一二万円の人が同じ授業料の五〇万円を支払うとすれば、負担感がまるで違う。

もちろん、お金がすべてではありません。過去のデータを見ると、地域の経済環境と比べて大学進学率が高い県があります。おそらく風土として何よりも教育に投資するということが尊ばれている地域なのでしょう。あるいは貧しいがゆえに教育に投資するという発想になるのかもしれません。それはそれで大切なことです。しかしそういうモチベーションを一旦フラットにしてしまえば、経済的環境の差は大きい。

さて本講の冒頭に掲げたように、「日本の人口は減少する」→「減少するのは地方だ」→「それは地方から東京に人が移動するからだ」という理屈のすべてが間違っているということがおわかりでしょうか。簡単に繰り返すと、「日本の人口は減少する」ということはほぼ疑いのない事実です。しかしそれは地方の人口が少なくなっているのが原因ではない。確かに人口が減少している地域は少なくないですが、それと日本全体の人口減少とは直接の関係がありません。

ましてや「それは地方から東京に人が移動するからだ」というのも完全に間違いです。人口の東京一極集中は続いていますが、かつてと比べるとはるかに規模は縮小している。むしろ東京圏の人口の固定化のほうが大問題です。大学進学率の差は、大学に行きたくても行けない環境になっている非東京圏・非大都市圏の個人や地域社会の問題になる。このことは表面的には東京圏の人たちの既得権を維持する方向に働くので、東京圏の人にとって歓迎するべき傾向のように見えますが、最終的には日本全体の活力を低下させるので、東京圏の人にとっても不利な話になるのです。

結論はこうです。東京に一極集中しているのは人口ではない。経済、政治、文化です。人口の東京一極集中と言っている人たちの狙いは、経済、政治、文化の東京への集中を見えなくするための靄をまき散らすことではないのか。大学進学率の東京一極集中はその象徴です。

### †財政上のお金の動き

間違った理屈からは間違った政策しか生まれない。したがって「地方消滅」という煽りから生まれた「地方創生」という国策は間違った結果を及ぼす。たとえば「地方創生」という国策から生まれた「COC+（プラス）」という補助金制度があります。これは文部科学省と総務省の共管事業で、簡潔に言うと、地方大学がその卒業生を地域内に就職させようとする対策に補助金を出すというものです。つまり地方出身者を東京圏に出すな、ということですね。これまで説明してきた通り、「地方消滅」の理屈は非大都市圏から東京圏に人口が移動するから日本の人口減少が起きているということなので、その理屈に照らしたらこんな政策になってしまったというよい（＝悪い）例です。

これまで説明してきた通り、問題はそこにあるのではなくて、むしろ東京圏人口の固定化にある。大学進学率の推移の例のように、一人ひとりが自分の可能性を高めたくて移動しようとしても移動できない非大都市圏の人たちがいるということです。ところがこの政策は人口流動が固定化しつつあるという現状に加えてさらに若い世代は移動するなと言っている。これではますます社会の活力が失われます。

それでは誰が「地方創生」という国策で喜ぶのでしょうか。お金の流れを見ると、きな臭い感じがします。「地方創生」関係の予算がどのようになっているかを見てみましょう。

まず、二〇一四年度補正予算（二〇一五年二月成立）では、まち・ひと・しごと創生本部（地方創生本部）所管予算として、①「地方創生先行型」交付金（基礎交付一四〇〇億円＋上乗せ交付三〇〇億円）と②「地域消費喚起・生活支援型」交付金二五〇〇億円（プレミアム商品券、半額旅行券等）がある。この中でももっとも特徴的で金額も多いのは、全国各地で取り組まれたプレミアム商品券と半額旅行券です。誰もが気づくように商品券や旅行券で人口減少が克服できるわけがない。実質的効果としては商業者や旅行関連業者への補助金にすぎない。

二〇一五年度予算では、①総務省「地方創生枠」交付税（一兆円）、②内閣府「地方再生戦略交付金」（七〇億円）、③各府省「地方創生」関連事業（七二二五億円）が措置されました。③は国の既存事業を「地方創生」という看板に付け替えたものがほとんどです。金額的に一番大きな①も、五〇〇〇億円は既存事業の振替で、残りの五〇〇〇億円は地方財政の枠内での捻出（いわゆる「埋蔵金」方式）であり、新たな国費が投入されたわけではない。

正確に言うと、①は地方財政計画というバーチャルなプランの計算式の一つとして加えられるものなので、実際に現金として一兆円が自治体に交付されるものではない。地方財政計画のしくみについては第3講でやりましたね。結果的には既存の地方交付税の配分方法を大きく変更するものではなく、逆に大きく変更すれば自治体の経営に直ちに支障が生じてしまうので、むしろ大きくは変更できない性質があります。

二〇一六年度予算では、①総務省「地方創生枠」交付税（一兆円）、②内閣府「地方創

生推進交付金」（一〇〇〇億円）、③各府省「地方創生」関連事業（六五七九億円）、④社会保障の充実（七九二四億円）が措置された。このうち、①③は二〇一五年度予算と同様のものであり、前述の通り「地方創生」政策としてはほとんど意味を成さない。④はもはや「地方創生」とはとても言えないもので、本来であれば、一般的な国の事業として取り組まれるべきものを「地方創生」という看板をつけて予算獲得の方便にしているだけです。

二〇一六年度予算の②は二〇一四年度補正予算（実質的な執行の大部分は二〇一五年度）の①を継承するものです。これらは各自治体に地方版総合戦略（人口ビジョン）を策定させ、それに基づく事業を自治体から申請させた上で、国が認めたものに対して事業費を交付するしくみになっている。つまり交付金とは名ばかりで、実際には個別の事業につけられる補助金です。

自治体の「創意工夫」を生かすというと聞こえがいいですが、申請された事業にお金をつけるか否かを判断するのは国です。そこで自治体は国が気に入るような事業を計画することになる。国は自分自身では地域づくりの経験がないので、判断根拠は過去の成功事例です。ところが、もともと成功した地域づくりの事例はその地域の人たちが考えに考え抜いて実現したものです。

地方自治の関係者では笑い話として取り上げられるのですが、「地方創生」をぶち上げた二〇一四年九月の国会で安倍首相が地域活性化の成功事例として取り上げたのは、ほとんどすべてが、かつての国策であった市町村合併に走らず、自分たちの町の将来をどうするかを真剣に悩んだ自治体の例でした。つまり、地域づくりに成功するためには国策に反してでも取り組んだほうがよいということを、国自身が認めたことになる。こうした成功事例を国策に変えてしまう「地方創生」という政策が地域づくりに成功するはずはない。

この交付金は二〇一四年度補正予算では一七〇〇億円でしたが、二〇一六年度予算では早くも減額されて一〇〇〇億円になっています。しかも二〇一六年度では自治体側が一〇〇〇億円を別に用意することになっていて、合わせて二〇〇〇億円の事業費というふれこみになっている。だから自治体は既存事業から一〇〇〇億円分を削らなくてはならない。こうして各地で実際に交付されている事業を眺めると、通常の一般的な予算でも措置できるような事業がほとんどです。一〇〇〇億円といっても、単純に自治体数で割れば、一自治体当たり五〇〇〇万円程度の「補助金」です。自治体側としても補助金獲得に必要な労力に比して魅力のあるものではない。ビジネスとしてはこれらの計画を策定するコンサルタント業の懐を温めて終わりということになりそうです（計画策定経費も国から手厚く交付されました）。

## †国策としての「地方創生」が生み出したもの

さてこんな「地方創生」という政策ですが、どのような経過をたどって決定されたのでしょうか。私は「公共政策論」という科目を大学で担当していますが、「地方創生」には教科書のように説明しやすい典型的な政策形成過程がある。発端は『中央公論』という雑誌の二〇一三年一二月号に「壊死する地方都市　戦慄するシミュレーション　危ない県はここだ――過疎から消滅へ」という特集が掲載されたことからでした。さらにその続編として、二〇一四年六月号には「消滅する市町村五二三全リスト」が掲載される。

この雑誌の発売直前の五月八日には記者会見が行われ、翌朝の全国紙のすべてで取り上げられています。一面トップのところがほとんどでした。日本創成会議という、おそらくそれまではほとんど誰も知らなかった民間の組織のレポートとしては破格の取り扱いです。マスコミに対する周到な根回しが行われたのではないか。つまりそれだけ影の実力のあるメンバーが日本創成会議に集まっていたということです。

これらのレポートを議論したとされるメンバーの中には、かつての事務次官が二人います。事務次官というのは、それぞれの役所の官僚のトップで、事実上、役所を仕切っている人です。役人としては最高の地位で、給料も最高ですし、退職後もいくつかの天下り先を転々としながら高額の退職金を次々と得ることができると言われている。こうした事務次官の中には、退任後も役所に対して大きな影響力を持つ人がいて、そういう人がいわゆる「実力者」と目されるのですが、この会議には二人の実力者が入っていました。

日本創成会議というのは国や府省とは関わりのない民間組織のように見えますが、こうしたことを考えると霞が関という官僚組織全体の意向を反映して動いていた可能性が高い。事実、この会議のレポートと並行して、同じ主旨の動きが各府省にあった。たとえば、国土交通省は二〇一四年三月に「新たな『国土のグランドデザイン』骨子」を公表します。また記者会見直後の五月一三日、経済財政諮問会議有識者会議は「戦略的拠点都市」の提言を発表する。また一五日に発足した総務省の審議機関である第三一次地方制度調査会には首相から「人口減少社会」についての諮問があった。

その後も六月一三日には、政府の司令塔の役割を果たしている経済財政諮問会議の骨太の方針二〇一五で「少子化と人口減少」が取り上げられ、一四日には首相が地方創生本部設置を表明します。ちなみに「地方創生」という言葉が新聞に登場するのはこのときが初めてです。

おそらく地方創生という言葉は造語です。それまで地域再生とか地域活性化という言葉はあった。また創成とか創世という単語は見かけることもありましたが、その意味は何もないところから作り出すということです。このことから想像すると、地方創生というのは何もないところから地方を作り出すという意味になり、これ自身が東京目線の言葉だということがわかる。少なくともこの言葉を編み出した人たちは、それまで地方の生活やそこで暮らす人たちの姿が見えていなかったのではないか。本書で地方創生という言葉を使うのはあくまでも国策としての地方創生政策のことで、各地で地道に取り組まれている地域づくりのことは含んでいません。

七月には総務省が「地方中枢拠点都市モデル事業」を選定し、国土交通省は「国土のグランドデザイン二〇五〇」を公表する。このように五月八日の記者会見から、堰を切ったように霞が関全体が動き出します。日頃からタテワリで仕事も遅いと言われている役所としては異例とも言える動きです。誰かが設計図を描いていたことは間違いない。実際に「それはあの人ではないか」という噂も関係者の間に広がりました。

この結果、九月一二日には内閣官房に「まち・ひと・しごと創生本部事務局」が発足する。内閣改造で担当大臣も決まります。日本創成会議の記者会見からわずか四カ月後のことです。一一月二八日には地方創生関連二法が公布され、一二月には総務省と財務省との間で地方交付税の「地方創生枠一兆円」で合意がされます。結果として、何もないところから新たな官僚組織が形成され、職員はもちろん大臣も配置され、予算というお金も生み出された。予算や組織があれば、それに伴う権限が発生します。霞が関に新しい組織、人、金、権限ができた。設計図を描いた人の立場からすると、満額回答にも近い結果だったのではないかと思われます。

## †誰のための「地方創生」か

もちろん、その結果、何らかの成果が得られれば、このような陰謀めいた政策形成過程でも許されることがあるかもしれませんが、その内容がいままで説明してきた通りだとすると、誰のための「地方創生」なのか、疑わしくなってきます。たとえば、地方創成会議の提言をまとめた本には次のようなことが書かれている。「従来の『地方分権論』を超えた議論が必要」「国の権限を地方自治体に移譲しさえすれば解決できるというものでもない」「グランドデザインをどう描くかは、優れて中央政府たる国が担うべきもの」「広域ブロック単位で『地方司令塔』となる組織を置くこと」「地域経済ビジョンを共有して役割分担を行うことが各市町村の議会で決定された都市圏に対しては、各府省の政策資源を連携投入」「新たな価値を生み出す『攻めのコンパクト』をも目指す」「地方大学で東京圏の大学と同様の学位を授与する」などです。

一読すればわかる通り、中央集権化へのあくなき願望が表現されています。ここには国の言うことを聞く自治体にだけ予算を出すといった主旨も書かれている。中央と地方との関係のあり方という国家統治の基本のイロハも存在しない高慢に思えるのは私だけでしょうか。

しかもこうしたことが少しずつ政策化されています。たとえば、「地方創生」事業の一つとして、地方創生人材支援制度（「日本版シティマネージャー派遣制度」から改称）というのがある。「地方創生に積極的に取り組む市町村に対し、意欲と能力のある国家公務員や大学研究者、民間人材を、首長の補佐役（日本版シティマネージャー）として派遣し、地域に応じた『処方せんづくり』を支援する」という目的が掲げられています。これは国家公務員の自治体への「出向」を初めて制度化したものです。これまで国が自治体を支配する道具として幾多の批判があった「出向」制度を、廃止するのではなくて、逆に表舞台に制度化したのです。

### †拡散政策が呼び込む一極集中

日本の国土計画はずっと昔から表面的には拡散政策でした。「国土の均衡ある発展」というのがそのスローガンです。国土計画ばかりではなく、この間には地方分権とか、首都機能移転などの課題も掲げられ、それなりに実施された部分もあります。しかし結果的に東京圏への経済、政治、文化の一極集中がますます進行している。政策面は、少なくとも理屈の上では拡散政策を進めてきた。もう五〇年も六〇年も続けてきたと言ってもいい。ところが結果は逆方向に進んでいる。このことをどう考えるか。

「国土の均衡ある発展」の象徴的な政策が新産業都市です。全国総合開発計画（全総）が掲げた「拠点開発方式」を実現するために、一九六二年、新産業都市建設促進法が制定され、「産業の立地条件及び都市施設を整備することにより、その地方の開発発展の中核となるべき」地域として全国で一五の新産業都市と六の工業整備特別地域が指定される。それらの地域には税の特例や地方債の優遇措置が講じられた。

この狙いは工業分散でした。京浜工業地帯から北九州工業地帯までの太平洋ベルト地帯と呼ばれるエリア以外に工場を分散立地させ、文字通り、国土全体の均衡ある発展を目指したものです。確かに一部の地域では工場誘致も進み、成果も見られます。ただ冷静に見つめれば、太平洋ベルト地帯の延長上、もしくはその中間にある地域では成果が出ていますが、そこから外れた地域では苦戦した。そもそも指定された都市や地域の半数は太平洋ベルト地帯に含まれるものでした。

一九六九年、全総に輪をかけた大規模開発プロジェクト方式の計画、新全国総合開発計画（新全総）が始まる。これもまた「大都市に立地することが不適当な工業等の機能を徹底的に分散する」「人口流出の激しい地域等における過疎問題に対処する」などと書かれています。「地方消滅」→「地方創生」と変わるところがない。しかしこれは個々の地域にとっては惨憺たる結果に終わります。典型的なのは苫小牧東、むつ・小川原《おがわら》、志布志《しぶし》湾などです。これらの地域では広大な開発予定地域が放置され、その使い道に五〇年後の現在まで苦心惨憺している。特にむつ・小川原では、石油備蓄基地を誘致したり、原子力船の母港化、核燃料サイクル施設、ウラン濃縮施設、低レベルから高レベルまでの放射性廃棄物貯蔵施設など、次々と立地することになり、現在に至っている。

### †なぜ一極集中するのか

しかしこうした一連の拡散政策はその主観的意図とは関わりなく、東京一極集中を加速化させていきます。その原因は、新全総をよく読むとわかる。「大都市からの遠隔の地であって経済開発の遅れた地域においても、開発の可能性を確保しうるよう、それらの地域と大都市を結ぶ新交通通信体系を整備する」と書かれています。つまりこのような拡散政策は中央の大都市との結びつきを不可欠とするのです。拡散しているかのように見えて、実は地方を中央に連結させることで、結果的に集中に結びつく。これがその秘密です。

しばしば地方から声のあがる新幹線や高速道路の建設要望に対し、「ムダな公共事業」

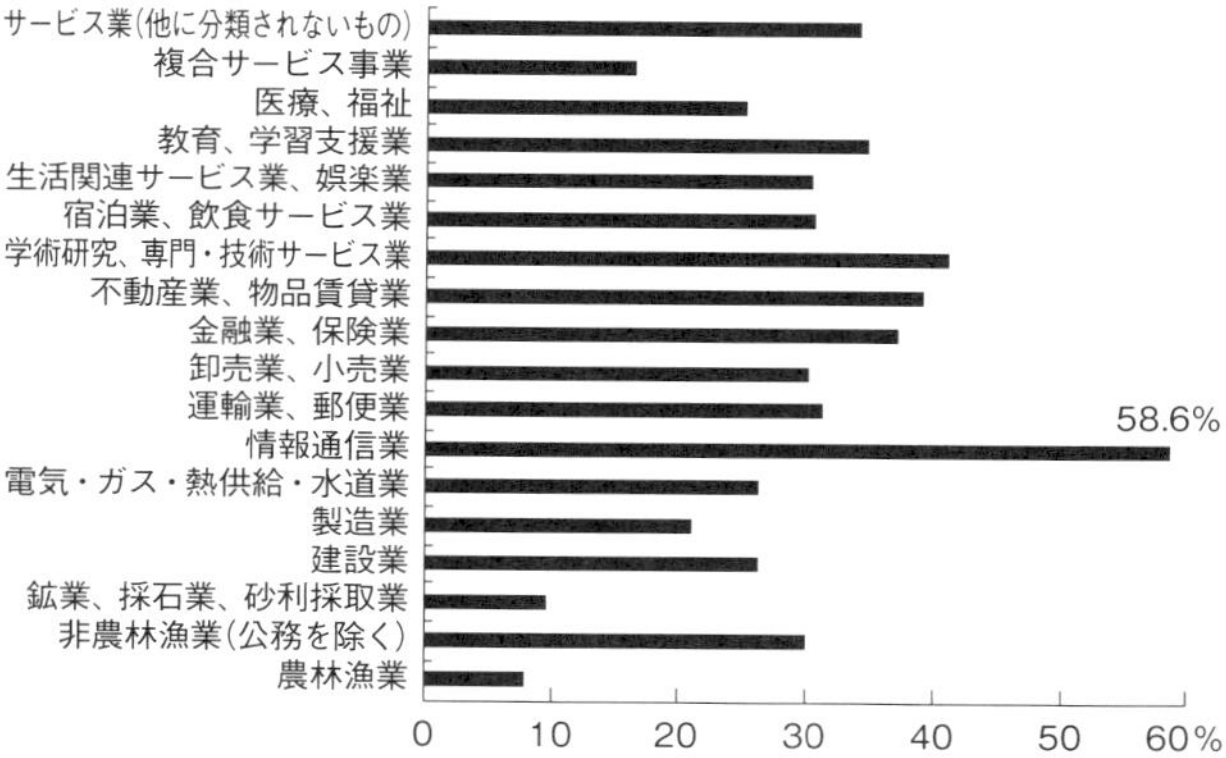


図6-12　東京圏が占める産業別従業者数割合（2012年）
〔出所〕総務省統計局「平成24年経済センサス活動調査」に基づいて筆者作成

「地域エゴ」というレッテルが貼られますが、こうした交通網が整備されることで一番便利になるのは中央です。こうしたネットワークによって中央と地方が結びつくのであって、地方と地方が結びつくことはほとんどない。だから中央はたくさんの地方と結びつくことによってますます集権的な機能を強化できます。

情報通信も同じです。情報通信ネットワークが整備されると働くオフィスを選ばないので、地方にも雇用が広がるかのように言われていますが、実は産業別雇用者数で情報通信業は圧倒的に東京圏に集中している（図6－12）。働く場所を選ばないからこそ大都市圏に集中するのです。

まとめると、日本の国土政策は「国土の均

衡ある発展」と称して、ほぼ一貫して拡散政策だった。少なくとも主観的にはそのように考えられていました。しかし拡散政策を続ければ続けるほど一極集中構造が進んだ。このことを反省しない限り、同じように「地方創生」と称して補助金を投入した拡散政策をとっても、結果的には集中化を促進し、各地で多くの人たちが努力している地域の活性化の足元を掬うことになる。

なぜ主観的意図とは別に拡散政策が集中化をもたらしたのか。それは政策そのものに問題があったというほかありません。個々の地域に根差した産業を育成するのではなく、かつての大規模製造業や現在の情報通信産業のように、大都市を中心とする産業のブランチを全国にばらまこうとした。したがって失敗したところも少なくありませんでしたが、成功したところでも中央との結びつきが強化されることで一極集中構造を促進する。あわせて集中構造を成立させるために高速道路や新幹線ネットワークが形成される。拡散政策が成功した地域では中央に向かう物流が強化され、失敗したところは多大なメンテナンス費用を要するムダな公共事業の典型事例となる。

### †地域づくりのスタンス

本講では、「地方消滅」→「地方創生」という国策を通じて、東京圏と非東京圏、国と自治体との関係について考えてきました。このような国策を待たなくても、全国各地ではこれまでにさまざまな地域づくりが取り組まれてきた。現在でも成功事例と呼ばれるものはたくさんある。これらに共通しているのは、地域の人たちや役場の職員が自分たちの地域に正面から向き合っていることです。もちろんこれらの事例でも国の補助金や制度を活用することはあるでしょう。しかし、多くの場合、成功したのは補助金や制度があるからではない。自分たちが必要としていることに補助金や制度を当てはめたのです。

逆に失敗する事例の多くは、「こんな補助金制度があります」と言われて始められた「地域活性化」事業です。失敗事例の多くは、補助金をもらうために計画を作り、計画を達成するために補助金を使わなければならないという循環に陥る。たとえ成果が出なくても、補助金を使ったという実績だけは上がる。だから国策としての地域政策は失敗事例を全国にばらまくことになるのです。

それでは、自治体の立場、地域の立場から考えて、こうした現状にどう立ち向かうべきかを整理してみましょう。別の章でも繰り返し述べてきたように、国家というしくみの中で、国と自治体とは対等・協力の関係にあるという規範《ルール》は間違いない。ただし、現実問題として、国のほうが広域であり、国法のほうが条例よりも優先するとされている限り、あるいは自治体間を調整するという都合上、お金の流れも国から自治体へということになららざるを得ないので、なかなかタテマエ通りには進みません。

これは企業でも同じです。大企業も中小企業も独立した法人ですから、お互いの立場を尊重して対等に契約を結ぶ（というタテマエになっている）。ところが、一般的には片方が発注主で片方が受注先である以上、発注主のほうが事実上、優位に立つということは避けられません。例外としては、受注先のほうが特許など他の企業では受注不可能な技術を持っているときは、受注主のほうが優位になる。

これを地域づくりに当てはめてみると、結局、自治体や地域は国からあれをしろ、これをしろとどんなに言われても、あるいはこんなことをすれば補助金や交付金を出しますよと言われても、その地域のことだけ、つまりその地域の住民が望む生活を維持することだけを考えて行動すればよいということです。逆にそういう成功事例には国もお金を出したがる。

実は国の役所はお金を出したいのです。なぜならお金をばらまくことによって国の役所が成り立っているからです。自分たちがお金を出したことによって成果が上がれば（正確には上がったように見えれば）、財務省に対しても予算を獲得しやすくなる。そもそも国の役所は自分自身で何かをするということは少ない。自治体を含めて、結局、誰かにやってもらわないと自分たちの政策が実現できないのです。

陳情に行くと国の役人はふむふむと偉そうに聞いている。ムカッと思わないでもないですが、お金をもらう立場からするとそんなことは顔に出せない。だが、それは陳情に行くからです。地域で成功事例があると、噂を聞きつけて国は「視察」にやってきます。国が来たら教えてあげればよい。そうすると、次に国は何かお手伝いできないでしょうか、と言ってくる。そうしたら、しかたないね、と言って補助金をもらう。成功事例と呼ばれている地域ではそのような構造になっています。その前提は、国に頼らず、自分たちが市民や地域の企業と考えに考え抜いて、地域づくりに励むことです。最初から国に頭を下げるとロクなことはない。

## †自治体はディフェンダー

夕張市の財政破綻が表面化し、財政再建団体になってから一〇年が過ぎました（制度が変わって現在は「財政再生団体」）。公共施設の廃止や小中学校を各一校に統合するなど、住民サービスは極端に切り下げられ、職員も給料を三割削減、退職金は七割も削減されている。総務省や北海道庁は夕張市の市民と職員をあたかも全国の自治体に向けた「見せしめ」のように扱っているのではないかと批判をされています。結果的に人口はこの一〇年間で三割ほど減り、職員数も二六九人から八七人になった。

夕張市の財政破綻には要因があります。第一に国のエネルギー政策の転換もあり、石炭産業が衰退して人口が最盛期の一割程度になったこと、第二にこれに抗する手段として観光政策を対置し投資を進めた政策が失敗に終わったこと、第三にその失敗を「ジャンプ方式」と呼ばれる不適正な財政運営で糊塗《こと》したこと、です。こうした事情を考えると、現在のように夕張市の市民と職員だけが負担を強いられるのではなく、金融機関、国、北海道庁にも応分の責任があるはずです。

だがこの事例には他の自治体にとっては他山の石となる教訓も多々ある。たとえば、「人口減少」→「観光政策」という流れに象徴的なように、自治体が「地域活性化」という魔法の言葉に魅入られて、経済成長、雇用創出という路線に走ることは、いまでも全国各地に見られます。そこで何をするべきなのか、何をしてはいけないのか、です。

私は大田区役所で産業政策担当をしていたことがある。そのころ、なぜ自治体で産業政策をするのかと多くの人に問われた。機械金属加工の町工場群が形成されていた大田区という地域にとって、これらの産業が市民の生活に直結していたからです。しかし役場はビジネスの能力もなければ、技術もない。もちろん大きな経済の流れに立ち向かうこともできない。したがって役場でできることは操業環境を守る、逆に言うと市民側の生活環境を守り、続ける力と意思のある町工場が操業を続けられるようにするということではないかと私は考えました。つまりそれは「まちづくり」ということだったのです。だから大田区役所の産業政策には意義があるし、それを「産業のまちづくり」と称した。

ただ全国から視察に来られる自治体のようすを聞くと、必ずしも全国どの自治体も産業政策が必要とは限らないということに気づいた。何か新しいことに手を染めるよりは、その地域の生業を大切にしたほうがよいのではないかと思ったのです。工業団地を造成して工場誘致をするとか、技術支援センターを設置して新産業を育成するとか、もちろん必要な地域はあるでしょうが、大部分の地域では自治体政策としての必要性を感じなかった。

大田区の町工場も最盛期から比べると半分以下に減りました。自治体の産業政策でこの大きな流れをひっくり返すことはむずかしい。でもその過程で犠牲になってしまう人たちをできるだけ少なくすることはできる。もちろん伸びる企業にとって妨げになっているような環境を整えていくこともできる。自治体の役割とはそういうことではないのか。

地域の人口が減少していくのを見るのは辛いことです。でも自治体のミッションはそこで暮らしている人たちが今後も暮らしていけるようにすることです。経済成長や雇用創出という考え方も認めないではないですが、それは自治体の主要なミッションではない。むしろそこに手を出して火傷をすれば、多くの市民がその地域で暮らし続けられなくなってしまう。それよりは、少子高齢化の条件でも暮らし続けていけるようなしくみづくりに投資をしたほうがいい。それが夕張市の事例から私が感じることです。同時に、それは福島の原発誘致とその過酷事故をめぐる自治体政策としての教訓にも通じている。

もちろん地域の人たちが楽しく豊かに暮らしていけることが目標です。そのためにいまでも全国でたくさんの人たちがチャレンジしている。そういう人たちが地域のフォワードとすれば、自治体はディフェンダーです。敵の攻撃をしっかり跳ね返して味方の攻撃につなげる。最悪でもフォワードの足を引っ張ってはならない。人口減少下の自治体はこうあるべきではないでしょうか。

# おわりに

## †最適社会かコミューンか

誰でも同じでしょうが、私も若い頃、さまざまな本に影響されました。そのうちの一冊が、真木悠介さんの『人間解放の理論のために』で、その中にあった「最適社会かコミューンか」という問いかけがずっと心にひっかかっていた。ただしこの著作は後に刊行されている『真木悠介著作集（全四巻）』には一部だけしか収められていないので、著者にとっては何かが不満なのでしょう。

その頃までの私は、「最適社会かコミューンか」と問われれば「コミューン」を選択していた。歴史的に言えば「パリ・コミューン」とか、日本では評論家の松本健一さんが描くような「秩父コミューン」「隠岐島コミューン」といった事象がありうると考えていたし、おそらく瞬間的には実現可能ではないかと今でも思う。さらに言えば、そういう社会が永続的に続くことが私にとっての理想社会と言ってもいいかもしれません。「コミューン」を選択した人間にとっては、「コミューン」を否定し「最適社会」を選択する人間は理想を捨てた変節者に見えた。

ところが、真木さんの著作を通じて、私は自分の考えが揺さぶられます。仮にいつか「コミューン」があるとしても、私たちには日々の生活があるし、生活が育む社会がある。理想状態を待たずに日々の生活や社会をよりよいものにしていく、つまり陳腐に言えば、みんなが幸せになる社会を少しずつ作るということも必要かもしれない。格好をつけると「最適社会かコミューンか」の緊張関係に耐えるということですが、そんなことを言っても言葉の上っ面だけで、ほとんど意味はない。

一方、真木さんそのもの（真木悠介は第4講で引用した見田宗介さんの筆名）はその後、メキシコへの旅などを通じてコミューン派に純化していったように見えます。著作集には『人間解放の理論のために』の続篇とも言うべき『現代社会の存立構造』も収められていない。私事になりますが、私の卒業論文の半分はこの「現代社会の存立構造」（『思想』連載）にインスパイアされて、社会学者の舩橋《ふなばし》晴俊さんが書いた修士論文「組織の存立構造論」（後に『組織の存立構造論と両義性論』として刊行）のコピペでしたから、時代状況とも重ねて、「裏切られた」感に包まれます。

## †妥協としての合意形成

そこに現れたのが松下圭一さんでした。もちろん松下圭一という名前は「大衆天皇制論」を書いた政治学者として以前から知っていましたが、私の前に現れた松下圭一さんは、一九九一年に出版された『政策型思考と政治』の松下圭一です。現在、松下圭一さんはある方面からの「仮想敵」扱いになっていますが、一九六〇年代にはいわゆる「革新」勢力からも敵視されていた（「大衆社会論争」）。どちらの批判勢力もある意味で「コミューン」派であることは共通しているかもしれない。

本人は否定するかもしれませんが、それまで書きまくっていた政治評論から、一切、手を引いて書いた『政策型思考と政治』は、松下さんの集大成であると同時に、それらを突きぬけた著作になっている。私に言わせれば、これこそが「最適社会」論の代表作です。自治体という政治・行政的共同体を基盤にしながら、「コミューン」ではなく「最適社会」を目指す。具体的にはイデオロギーを棚にあげながら、政策と制度を舞台に多様なアクター（登場人物）が合意を目指していくという社会が構想されています。

合意というのは妥協にほかならない。妥協という言い方がきつければ納得にすぎない。第1講で触れたように、現在の私たちの社会（「都市型社会」）では日常生活が政策・制度のネットワークの中にある。いろいろな局面で私たちは当事者にならざるを得ない。そこで私たちは否応なく合意形成の場に放り込まれます。

まずはそれぞれの意見をもとに議論をすることが求められる。私たちの多くはあまり議論が得意ではありませんが、かといって黙っていると政策・制度のネットワークから疎外されていくばかりか、生活の質が低下する。

だが議論をしても完全に意見が一致することはあまりない。ある程度、意見が集約されることはありますが、その先は妥協で決まる。お互いに少しずつ譲歩しながらまとめられる線を見出す。だから議論に参加して合意をするということは、お互いに少しずつ不満が残るということです。不満を超える納得、つまり「これくらいでしかたない」とお互いに感じるところで合意が成り立つ。

一方、変化が激しいこの時期にていねいな合意形成などをしていてはもどかしい、という意見もあるでしょう。確かにビジネスであればそうかもしれない。ビジネスだと成功の報酬もあるし、失敗の代償も明らかです。原発過酷事故の東京電力やバブル崩壊時のメガバンクのように例外はありますが、一般的には意思決定に伴う結果責任を誰かが取らざるを得ない。

しかし政治・行政はそうはいかない。そもそも主権者である市民や国民はフラットに存在している。上司も部下もありません。市民や国民から信託されている自治体議会や国会は、長くても四年で構成員が入れ替わり、ビジネスと同じような責任を取る主体ではない。仮に賠償責任を負ったとしても、ほとんどの場合、それを負担するのは市民や国民です。さらに政治・行政の失敗はときに社会に対して致命的な損害を与えることがある。もちろん行政執行は効率的であればあるほど望ましいですが、市民の合意形成だけはどんなにもどかしくてもプロセスを踏まなくてはならない。

『政策型思考と政治』は政治・行政的共同体での合意調達の技術書です。コミューン論はベストの合意があることを前提としていますが、最適社会論はベストな選択は存在せず、ベターな選択を繰り返すことでベストに近づいていく過程だけを信頼している。そういう意味で地域コミュニティ論は最適社会論とは水と油の世界です。したがって、地域コミュニティはその制度化である自治体という政治・行政的共同体としてしか成り立たないというのが最適社会論の立場です。

私個人はまだ「最適社会かコミューンか」という緊張関係を捨てきれないところがあります。しかし近代社会の成果として、私が私として自由であること（「恣意的自由」）は何よりも大切にされなければならない。その上で成立させる社会は、いまのところ最適社会論しか見当たらない。その社会的基盤は自治体にある。

もちろん現在の自治体はすでに歴史に翻弄されて自治体本来の意義を見失いかねている。為政者は市町村合併を繰り返し、「分権」の名のもとに自治体統制を強めることで私たちを自治体から切り離そうと努めてきた。しかしそのたびに自治を再獲得するチャレンジが地域で進められてきた。それは私たちが一人では生きていけないからです。

だからもう一度、自治体を私たちが使えるものにしたい。そのために地方自治という考え方を再確認したい。それが本書の思いです。この思いが十分に伝わったかどうかわかりませんが、何かを考えるきっかけになればありがたいです。

この本は地方自治や自治体にまつわる考え方を中心に書いたので、具体的な制度についてはほとんど触れられていません。地方自治法などに則して地方自治のしくみを知りたいときには、本書とほぼ同時に刊行される『図解よくわかる地方自治のしくみ〔第五次改訂版〕』（学陽書房）を参照してください。

本書のもととなった連続講義は福島市で二〇年余り続いてきた自治体政策研究会の最終年度の事業として企画されました。毎回の参加者はもちろんのこと、特に福島市までお出かけくださり、それぞれの講義にコメントをしてくださった武内英晴さん（公人の友社）、中嶌いづみさん（後藤・安田記念東京都市研究所）、役重眞喜子さん（花巻市コミュニティアドバイザー）、沼尾波子さん（日本大学）、庄子まゆみさん（南相馬市役所）、市村高志さん

（とみおか子ども未来ネットワーク）、中川伸二さん（福島大学）と、長年研究会を支えてきた佐藤敏明さん（認知症の人と家族の会福島県本部）にお礼を申し上げます。

さらに、一八年間、私を鍛えてくださった福島の自治体関係者や福島大学のみなさん、そしてちくま新書の松田健編集長に感謝します。どうもありがとうございました。

# 参照文献

＊本書は多くの人たちの研究業績や地域づくりの実績の上に成り立っていますが、本書の性質上、一つひとつに脚注を明示することができませんでした。直接的に引用と参照をしている文献は次の通りです。


**第1講**

市川喜崇（二〇〇四）「地方議会の役割と活性化」今井照編『自治体政策のイノベーション』ぎょうせい

今井照・自治体政策研究会編著（二〇一六）『福島インサイドストーリー――役場職員が見た原発避難と震災復興』公人の友社

後房雄（二〇一一）「政権交代以後の混迷する二大政党と首長の反乱」『都市問題』二〇一一年三月号

江藤俊昭（二〇一一）『地方議会改革――自治を進化させる新たな動き』学陽書房

大森彌（一九八六）「『革新』と選挙連合」大森彌・佐藤誠三郎編『日本の地方政府』東京大学出版会

金井利之（二〇一五a）「公務住民側面から見た自治体・空間の関係」『自治総研』二〇一五年四月号

金井利之（二〇一五b）「市民住民側面から見た自治体・空間の関係」『自治研究』二〇一五年六月号

金井利之（二〇一五c）「対象住民側面から見た自治体・空間の関係」嶋田暁文・阿部昌樹・木佐茂男編『地方自治の基礎概念――住民・住所・自治体をどうとらえるか？』公人の友社

辻清明（一九七六）『日本の地方自治』岩波新書

長野士郎（一九九三）『逐条地方自治法（第一一次改訂新版）』学陽書房

中邨章（二〇一一）「これからの地方議会と議会人の役割」『ガバナンス』二〇一一年六月号

西尾勝（一九七七）「過疎と過密の政治行政」『年報政治学一九七七』

古井喜実（一九二八・一九二九）「町村の構成及組織に関する疑問（一）（二）」『自治研究』四（一二）、五（一）
松下圭一（一九九一）『政策型思考と政治』東京大学出版会

**第2講**

荒木田岳（二〇〇七）「明治初年における地域支配の変容」『ヘスティアとクリオ』五号
今井照（二〇〇八）『「平成大合併」の政治学』公人社
大森彌・佐藤誠三郎編（一九八六）『日本の地方政府』東京大学出版会
神原勝・辻道雅宣編（二〇一六）『戦後自治の政策・制度事典』公人社
田村明（一九八七）『まちづくりの発想』岩波新書
田村明（一九九九）『まちづくりの実践』岩波新書
（株）日本総合研究所総合研究部門地域経営戦略グループ（二〇〇八）『市町村合併で問われる住民自治の在り方』
野中廣務（二〇〇六）「蜷川革新京都府政との対峙」『都市問題』二〇〇六年一二月号
松沢裕作（二〇一三）『町村合併から生まれた日本近代――明治の経験』講談社選書メチエ
山浦晴男（二〇一五）『地域再生入門――寄りあいワークショップの力』ちくま新書

**第3講**

板垣勝彦（二〇一三）『保障行政の法理論』弘文堂
伊藤久雄（二〇一四）「市場化テストの動向と課題」武藤博己編著『公共サービス改革の本質』敬文堂
内田貴（二〇一〇）『制度的契約論――民営化と契約』羽鳥書店
仲野武志（二〇〇七）『公権力の行使概念の研究』有斐閣
原田大樹（二〇一四）『公共制度設計の基礎理論』弘文堂
松本英昭（二〇一一）『逐条地方自治法（新版第六次改訂版）』学陽書房

## 第4講

秋元政三（一九九三）「コミュニティ施設とその管理」西尾勝編『コミュニティと住民活動』ぎょうせい
雨宮昭一（一九九三）「総力戦体制と国民再組織」『日本近現代史3　現代社会への転形』岩波書店
小早川光郎他編（一九九九）『史料　日本の地方自治』学陽書房
地方自治百年史編集委員会（一九九二）『地方自治百年史』第一巻、地方自治法施行四十周年・自治制公布百年記念会
西尾勝（一九七八）「自治体の重層構造と市民参加」『世界』一九七八年一〇月号
松下圭一（一九八七）『都市型社会の自治』日本評論社
松下圭一（二〇〇二）「なぜ、いま、基本条例なのか」『地方自治職員研修臨時増刊　自治基本条例・参加条例の考え方・作り方』公職研
見田宗介（二〇〇六）『社会学入門――人間と社会の未来』岩波新書

## 第5講

天川晃（二〇〇一）「地方自治」竹前栄治編『シリーズ日本国憲法・検証1945―2000　第六巻　地方自治・司法改革』小学館文庫
木村草太（二〇一六）「憲法上の地方自治の保障と地方議会」辻山幸宣・堀内匠編『〝地域の民意〟と議会』公人社
佐々木髙雄（二〇〇四）「『地方自治の本旨』条項の成立経緯」『青山法学論集』第四六巻第一・二合併号
佐藤達夫（一九五四）「憲法第八章覚書」自治庁記念論文編集部編『地方自治論文集』地方財務協会
塩野宏（二〇〇四）「地方自治の本旨に関する一考察」『自治研究』第八〇巻第一一号
杉村章三郎（一九五一）『地方自治制綱要』弘文堂
全国知事会（二〇〇四）『地方自治の保障のグランドデザイン』全国知事会・(財) 都道府県会館

### 第6講
鯵坂学（二〇一五）『都心回帰』による大都市都心の地域社会構造の変動」『日本都市学会年報』三三号
菊地裕幸（二〇一一、二〇一二）「地域開発政策の論理と帰結――全総・新全総を中心に（上）（下）」『地域総合研究』第三九巻第一・第二合併号、第四〇巻第一号
竹内一雅（二〇一四）「地方圏・東京圏における若年層の人口移動」『ニッセイ基礎研究所不動産レポート』二〇一四年九月四日
増田寛也（二〇一四）『地方消滅――東京一極集中が招く人口急減』中公新書
山下祐介・金井利之（二〇一五）『地方創生の正体――なぜ地域政策は失敗するのか』ちくま新書

### おわりに
舩橋晴俊（二〇一〇）『組織の存立構造論と両義性論――社会学理論の重層的研究』東信堂
松下圭一（一九九一）『政策型思考と政治』東京大学出版会
真木悠介（一九七一）『人間解放の理論のために』筑摩書房
真木悠介（一九七七）『現代社会の存立構造』筑摩書房〔後に大澤真幸『「現代社会の存立構造」を読む』（二〇一四）朝日出版社〕
真木悠介（二〇一二～一三）『真木悠介著作集（全四巻）』岩波書店
松本健一（二〇〇七）『隠岐島コミューン伝説　増補・新版』辺境社
松本健一（二〇〇七）『秩父コミューン伝説　増補・新版』勁草書房

ちくま新書
1238

地方自治講義《ちほうじちこうぎ》

二〇一七年二月一〇日 第一刷発行
二〇二三年二月一五日 第二刷発行

著者 今井 照(いまい・あきら)

発行者 喜入冬子

発行所 株式会社 筑摩書房
東京都台東区蔵前二-五-三 郵便番号一一一-八七五五
電話番号〇三-五六八七-二六〇一(代表)

装幀者 間村俊一

印刷・製本 株式会社 精興社


ISBN978-4-480-06946-7 C0231

## ちくま新書

1059
### 自治体再建
——原発避難と「移動する村」
今井照
帰還も移住もできない原発避難民を救うには、江戸時代の「移動する村」の知恵を活かすしかない。バーチャルな自治体の制度化を提唱する、新時代の地方自治再生論。

1151
### 地域再生入門
——寄りあいワークショップの力
山浦晴男
全国どこでも実施できる地域再生の切り札「寄りあいワークショップ」。住民全員が連帯感をもってアイデアを出しあい、地域を動かす方法と成功の秘訣を伝授する。

1150
### 地方創生の正体
——なぜ地域政策は失敗するのか
山下祐介
金井利之
「地方創生」で国はいったい何をたくらみ、地方をどう支配しようとしているのか。気鋭の社会学者と行政学者が国策の罠を暴き出し、統治構造の病巣にメスを入れる。

1100
### 地方消滅の罠
——「増田レポート」と人口減少社会の正体
山下祐介
「半数の市町村が消滅する」は嘘だ。「選択と集中」などという論理を振りかざし、地方を消滅させようとしているのは誰なのか。いま話題の増田レポートの虚妄を暴く。

995
### 東北発の震災論
——周辺から広域システムを考える
山下祐介
中心のために周辺がリスクを負う「広域システム」。その巨大で複雑な機構が原発問題や震災復興を困難に追い込んでいる現状を、気鋭の社会学者が現地から報告する。

941
### 限界集落の真実
——過疎の村は消えるか？
山下祐介
「限界集落はどこも消滅寸前」は嘘である。危機を煽り立てるだけの報道や、カネによる解決に終始する政府の過疎対策の誤りを正し、真の地域再生とは何かを考える。

960
### 暴走する地方自治
田村秀
行革を旗印に怪気炎を上げる市長や知事、地域政党。だが自称改革派は矛盾だらけだ。幻想を振りまき混乱に拍車をかける彼らの政策を分析、地方自治を問いなおす！

## ちくま新書

853
### 地域再生の罠
——なぜ市民と地方は豊かになれないのか？
久繁哲之介
活性化は間違いだらけだ！　多くは専門家らが独善的に行う施策にすぎず、そのために衰退は深まっている。このカラクリを暴き、市民のための地域再生を示す。

1027
### 商店街再生の罠
——売りたいモノから、顧客がしたいコトへ
久繁哲之介
「大型店に客を奪われた」は幻想！　B級グルメ、商店街を利用しない公務員、ゆるキャラなど数々の事例から、商店街衰退の真実と再生策を導き出す一冊。

1129
### 地域再生の戦略
——「交通まちづくり」というアプローチ
宇都宮浄人
地方の衰退に伴い、鉄道やバスも消滅の危機にある。再生するためには「まち」と「公共交通」を一緒に変えるしかない。日本の最新事例をもとにその可能性を探る。

992
### 「豊かな地域」はどこがちがうのか
——地域間競争の時代
根本祐二
低成長・人口減少の続く今、地域間の「パイの奪いあい」が激化している。成長している地域は何がちがうのか？　北海道から沖縄まで、11の成功地域の秘訣を解く。

926
### 公務員革命
——彼らの〈やる気〉が地域社会を変える
太田肇
地域社会が元気かどうかは、公務員の〝やる気〟にかかっている！　彼らをバッシングするのではなく、積極性を引き出し、官民一丸ですすめる地域再生を考える。

943
### 政治主導
——官僚制を問いなおす
新藤宗幸
なぜ政治家は官僚に負けるのか。機能麻痺に陥っている行政組織をどうするべきか。政策決定のプロセスから人事システムまで、政官関係の本質を問いなおす！

945
### 緑の政治ガイドブック
——公正で持続可能な社会をつくる
デレク・ウォール
白井和宏訳
原発が大事故を起こし、グローバル資本主義が行き詰まった今の日本で、私たちはどのように社会を変えていけばいいのか。巻末に、鎌仲ひとみ×中沢新一の対談を収録。

ちくま新書

294
デモクラシーの論じ方
――論争の政治
杉田敦
民主主義、民主的な政治とは何なのか。あまりに基本的と思える問題について、一から考え、デモクラシーにおける対立点や問題点を明らかにする、対話形式の試み。

465
憲法と平和を問いなおす
長谷部恭男
情緒論に陥りがちな改憲論議と冷静に向きあうには、そもそも何のための憲法かを問う視点が欠かせない。この国のかたちを決する大問題を考え抜く手がかりを示す。

594
改憲問題
愛敬浩二
戦後憲法はどう機能してきたか。改正でどんな効果が期待できるのか。改憲論議にはこうした実質を問う視角が欠けている。改憲派の思惑と帰結をクールに斬る一冊！

722
変貌する民主主義
森政稔
民主主義の理想が陳腐なお題目へと堕したのはなぜか。その背景にある現代の思想的変動を解明し、複雑な共存のルールへと変貌する民主主義のリアルな動態を示す。

1176
迷走する民主主義
森政稔
政権交代や強いリーダーシップを追求した「改革」がもたらしたのは、民主主義への不信と憎悪だった。その背景に何があるのか。政治の本分と限界を冷静に考える。

1195
「野党」論
――何のためにあるのか
吉田徹
野党は、民主主義をよりよくする上で不可欠のツールだ。そんな野党に多角的な光を当て、来るべき野党を、これからの対立軸を展望する。「賢い有権者」必読の書！

1005
現代日本の政策体系
――政策の模倣から創造へ
飯尾潤
財政赤字や少子高齢化、地域間格差といった、わが国の喫緊の課題を取り上げ、改革プログラムのための思考を展開。日本の未来を憂える、すべての有権者必読の書。